불확실성의 시대

팀장의 생각법

The age of uncertainty

How the
Team Leader
Thinks?

불확실성의 시대
팀장의 생각법

The age of uncertainty

How the
Team Leader
Thinks?

| 이종봉 지음 |

성공
마인드
리더십

빌드업
리더십

문제해결
리더십

성장
리더십

지식공감

"현명한 리더는 생각하는 과목이 다르다"

10년간 연구원으로 근무하다가 사업팀장으로 이동하게 되었다. 팀 리더로 일하면서 지속적으로 고민한 것은 "어떻게 하면 팀장 역할을 잘할 수 있을까?"였다.

"일 잘한다는 팀장은 어떻게 일을 할까?"라는 화두를 가지고 주위를 살폈다.

본부 내에서 팀을 잘 관리하고, 일을 잘하는 것으로 평판이 난 팀장이 있었고, 그 팀은 회사에서 우수 팀으로 평가받고 있었다. 더 자세히 알기 위해 그 팀의 팀원과 팀장에게 질문도 하고 주변 이야기도 수소문해 보았다.

그런데 실상은 겉으로 보는 것과 달랐다. 팀원들은 사소한 결정사항도 스스로 판단하기보다는 팀장의 지시를 받아야만 진행할 수 있다고 했다. 팀원들은 다른 의견을 낼 수도 없고, 팀장의 지시대로 움직인다고 했다. 팀장은 리더십에 대한 생각으로 '아래를 쪼아야' 성과가 나온다는 것을 믿고 있었다.

한마디로 그 팀은 팀장의 강한 지시에 따르는 것이 일상화되어 있었다. 그렇다 보니 결정된 목표는 빠르게 달성했지만, 성과를 만들어내기 위해 팀원들은 엄청 고생하고 있었다. 팀원들은 기회가 된다면 그 팀을 빠져나오려고 하고 있었다. 겉으로 드러나는 모습과는 달리 팀원들의 만족도가 낮았다. 만족도가 낮은 팀 분위기로 지속적인 성과를 거둘 수 있을지 궁금했다.

그때부터 진정으로 일 잘하는 팀은 어떤 모습의 팀일까 고민했다. 팀 성과도 중요하지만, 그 성과를 만든 팀원들의 만족도와 지속성도 중요하게 생각되었다. 팀원이 만족해야 지속성이 있다고 보았다. 단지 팀원들을 닦달해서 만들어 낸 성과는 오래가지 못할 것으로 봤다. 그 이후로 성과의 질을 따져 보게 되었고 현명한 리더는 성과뿐만 아니라 성과의 질까지 챙겨야 한다고 생각했다.

유사한 성과를 내더라도, 회사는 업무 추진 과정에서 팀원들이 일을 통해 배우고 성장하기를 바랄 것이다.

필자 역시 그때부터 바람직한 성과를 내는 팀을 따라 하게 되었고 부지런하게 노력하는 리더가 아니라 현명하게 일하는 리더가 되어야겠다고 생각했다.

이제 4차 산업혁명 시대라고 한다. 코로나(COVID-19)로 인해 변화의 가속도가 붙었다. 일하는 환경이 급격하게 변화되었다. 같이 일하는 고정된 시간과 장소가 줄어드는 추세다. 이런 환경 변화로 인해 업무의 자율성과 효율성이 중요하게 되었다. 자율성과 효율성을 높이기 위해서는 팀장의 일하는 방식이 바뀌어야 한다. 이제는 선택사항이 아니라 필수조건이 되었다.

팀장은 부지런한 데는 선수들이다. 그런데 이제부터는 같은 방식으로 부지런하기만 해서는 안 된다. 근로시간과 근무환경 변화로 무턱대고 덤빌 수도 없게 되었다. 무턱대고 덤벼서는 되는 게 없는 시대이다. 이런 변화된 환경에서도 팀장이 과거와 같이 일하는 방식을 고집하다가는 회사에 어려움을 줄 수 있다. 차라리 게으른 게 회사에 보탬이 될 수 있다. 이제는 제대로 생각하고 일을 해야 원하는 성과를 달성할 수 있다. 팀장은 제대로 머리를 써야 한다.

상사에게 보고하거나 회의할 때 자주 느끼는 것이 있다. 상사는 짧은 시간에 보고받거나 회의 내용을 듣고도 담당하고 있는 팀장보다 더 날카롭게 파헤치고, 송곳 같은 질문을 한다.

어떻게 가능할까. 가만히 생각해 보았다. 상사는 평소 사업을 큰 그림에서 고민하고, 사업 포트폴리오 관점에서 항상 생각할 것이다. 또한, 시장과 산업의 트렌드를 읽으려고 하고, 지금이 아니라 2년, 5년 뒤에 사업이 어떻게 바뀔 것인지 예측하여 현실에 대입시켜 볼 것이다. 그런 입장에서 보고서를 봤을 때 방향이 다를 수 있고, 우선순위가 다를 수 있다는 생각이 들었다.

이런 생각에 의문을 품고 보니 하나의 실마리가 보였다. 상사들은 팀장이 지닌 시야보다 더 넓은 시야를 갖고 사업을 본다는 것이다. 이는 팀장도 현실에 발을 굳건하게 붙이고 있되 사업을 보는 시야는 상사의 어깨 위에 올라탈 수 있도록 넓혀야 한다는 것이다.

서점에 가보면 책 진열대를 가장 넓게 차지하고 있는 분야가 있다. 바로 재테크, 부동산 코너이다. 학교에서 배우지 못한 경제 관련 과목이다. 어떻게 보면 살아가는데 가장 중요한 과목임에도 학교에서 배우지 못하고 있다. 이런 과목을 배우지 못해 인생을 한참 산 후에 "참 잘못 살았네."라고 후회하는 이야기를 흔히 접한다. 이는 학교에서 배우지 못한, 생활하는 데 필요한 경제를 공부해야 한다고, 늦게 깨달은 결과이다. 책이 아니라도 성장 과정에서 경제공부를 체득하지 못한 결과이다. 이런 과목은 각자의 필요성에 의해 배워야 하는 과목이다.

이렇듯 변화된 환경에 성과를 내는 리더가 되려면 어떤 방식이든 변화된 환경에 맞는 리더십 과목을 배우고 실행하는 게 필요하다. 차이를 만들어내려면 알아야 하는 과목이 달라야 한다. 차이를 만든 리더들은 달라진 과목을 선행 공부하여 실행한 사람들이다. 이런 사람들은 생각을 달리하고 일처리를 달리한다.

이 책은 이런 도움을 주는 과목이 되기를 바라면서 정리하였다. 팀장이 어떻게 현명하게 성과를 낼 것인가에 초점을 두었다. 팀원을 살리고, 팀장을 살리고, 조직에 기여하는 실제적인 사례를 담았다. 돌이켜보면 팀장으로서 문제에 부딪혔을 때, 나 자신도 책을 통해 배우고 깨달았다. 책은 나에게 현실의 문제를 풀 수 있는 실마리를 제공했다.

이 책에서 필자는 소프트웨어 개발자로 첫 직장생활을 시작해서, 회사 대표에 이르기까지 성장 과정에서 내가 몸소 체득하고, 경험한 것을 이야기하려고 한다. 또한 그 과정에서 일 잘하는 리더에게서 얻은 교훈과 임원으로서 팀장들을 육성하면서 알아낸 생각을 적었다.

이 책에서 소개한 경험들을 터득해가는 과정에서 필자도 숱하게 실수를 저질렀고, 때때로 어려움을 겪기도 했다. 하지만 그 덕분에 과거보다 현명해졌다고 확신하기 때문에 용기를 낼 수 있었다.

지금보다 더 나은 리더가 될지는 자신이 어떻게 반응하느냐에 달려있다고 생각한다. 이 책 자체가 지름길은 아니지만, 책을 읽고 다른 관점을 알고 어떻게 반응하느냐에 따라 한 단계 현명하게 나아갈 것이다.

이 책은 기본적으로 팀의 리더를 위한 것이다. 팀에서 부닥치는 현실에 관한 것이다. 팀장으로 현명하게 성과를 내고 싶은 리더에게 도움이 될 것이다. 책을 통해 팀장들은 자신이 처한 어려움과 비슷한 상황에서 변화를 줄 수 있는 실마리를 찾을 수 있을 것이다. 때로는 고민에 걸맞은 실마리를 얻지 못할 수도 있다. 하지만 책을 통해 시사점을 알아가는 과정에서 방법을 찾고 힘을 얻을 수 있을 것이다.

이 책은 팀 구성원들에게도 도움이 될 것이다. 팀장과 팀원은 한 팀에서 동일한 사안을 놓고 전혀 다른 관점에서 접근하는 경우가 많다. 이런 경우 팀원들은 흔히 팀장을 이해하기 어렵다고 말한다. 팀장은 어떤 생각을 주로 하고 있고, 무엇을 하고 있는지 알 수 있는 책이다. 팀원들이 팀장의 생각과 고민을 이해한다면 회사 생활에 큰 도움이 될 것이다.

마지막으로 이 책이 나오기까지 도움을 주신 분들께 감사의 마음을 전해야겠다. 먼저 지금까지 필자가 리더십에 대해 느끼고 경험하는 데 도움을 준 선배와 후배들에게 가장 먼저 고마움을 전하고 싶다. 그들은 성장 과정에서 어려운 경험과 도전적인 과제를 같이 했고, 어떻게 하면 더 잘할 수 있을지 인사이트를 주었다. 마지막까지 서툴고 거친 책 내용에도 격려를 아끼지 않고 마무리할 수 있게 조언과 사전 검열에 도움을 준 후배들에게도 고마움을 전하고 싶다.

많은 시간을 배려해주고 아낌없이 격려해준 가족들에게 감사드린다.

SK Honors Lounge 강남센터에서

이종봉

CONTENTS

제6장 | 성장 리더십
– 회사에 공헌할 가능성을 높여야…

제 **1** 장

불확실성의 시대,
팀장의 전략

포스트 코로나, 뉴노멀 시대,
이제 어떻게 일할 것인가?

　자율주행, 로봇, 빅데이터, 인공지능으로 크게 나뉘는 새로운 4차 산업의 물결이 요동치고 있다. 새로운 기술은 한 영역에서만 혁신을 만들지 않고 다양한 영역과 연결되어 새로운 혁명을 가져오고 있다. 연관성 없는 일이 가장 연관성 있는 일로 연결될 수도 있다.

　포스트 코로나로 4차 산업혁명 시대에 경험할 것으로 예상했던 재택근무와 원격근무는 이젠 뉴노멀이 되었고, 이로 인해 일하는 방식과 디지털 근무환경이 앞당겨지게 되었다. 이런 업무 환경 변화에 적응하기 위해 새로운 리더십이 요구되고 있다.

　포스트 코로나 시대에 4차 산업은 과거와 다르게 그 속도와 복잡성으로 인해 두려움을 주기도 한다. 리더는 이런 낯선 환경에서도 팀원들을 어떻게 이끌어 성과를 만들 수 있을까?

　새로운 환경을 이겨내려면 "열심히 노력하면 된다."라는 근면, 성실 패러다임을 이제 내려놓아야 한다. 무턱대고 열심히, 열심히 하면 빨리 망할 수 있다. 몸으로 부지런하게 일을 하려고 해도 할 수 없는 시대가 되었다. 가깝게는 근로 환경이 변화되었다. 주 52시간 근무제라 하지만 정상적으로는 주 40시간이다.

과거와 같이 부지런하게 하려고 덤비다간 팀장 혼자 사무실에 남아 업무를 해야 한다. 아니 사무실에서는 일을 더 할 수가 없어, 일을 갖고 밖에서 할 수도 있겠다. 하지만 이게 정상적인 방법은 아니다. 팀이라는 조직은 가장 단단한 팀워크로 일을 이루어내는 조직이다. 팀장 혼자 일을 한다고 업무를 다 할 수도 없다.

이제부터 하던 일을 다시 보고 다르게 일을 해야 한다. 그런 다음 정교하게 일을 할당하고, 세밀하게 역할을 나누어야 가능하다. 일하는 프로세스를 더 구체적으로 만들어야 한다. 이런 방식이 가동되려면 팀장은 몸으로 하는 부지런함이 아니라 머리로 하는 부지런함을 작동해야 한다. 이제껏 더 열심히 하고, 더 노력하고, 더 시간을 들여 일을 잘해보는 방식으로는 한계가 있기 때문이다.

팀장은 회사를 살릴 수도 있고 거덜 낼 수도 있다

4차 산업을 기반으로 하는 기술환경 변화뿐만 아니라 코로나로 인한 사회환경, 근로환경의 큰 변화를 극복하기 위해서는 과거와 다른 방정식으로 답을 찾아야 한다. 노력과 재능보다 전략적인 사고가 더 중요하다. 이제 머리로 더 고민해야 일이 제대로 풀린다.

팀장이 모든 일에 관여하려고 해서는 안 된다. 중요한 일을 챙기거나 진행이 더딘 일을 알아내고, 왜 지연이 되고 있는지, 더 좋은 방법이 없는지 토의하고 고민하는 데 시간을 투입해야 한다. 더 나아가 일과 연계되는 주변의 변화를 알아내고, 이런 변화를 제품과 서비스에 어떻게 넣어 개선할지를 생각해야 한다.

물론 많은 팀장은 지금 하는 업무 방식이 최선이고 가장 생산성 있게 하는 방식이라고 주장할 수 있다. 하지만 이 시점에 그것이 효과적이고 효율적인지 다시 봐야 한다.

경쟁사 또는 대체 산업에서 새로운 기술을 적용하여 유사한 일을 더 경쟁력 있게 한다고 했을 때 지금 하고 있는 방식을 고집할 수 있겠는가? 만일 자신의 팀에서 놓친 일이 회사 전체에 영향을 줄 만큼 중요한 일이 된다면 사태는 심각하게 된다. 이제는 하던 일을 열심히 하면 될 게 아니라, 내 영역과 관계되는 기술이 어떻게 가고 있는지 발 빠르게 파악하고 대처해야 한다.

새로운 환경 변화는 팀장 역할의 쇄신을 요구한다. 지금은 인터넷의 발달로 누구든지 실시간으로 정보를 알리고 공유한다. 사회의 조그마한 이슈도 대중들이 보는 눈높이에 따라 그 파급력은 기하급수적으로 증폭된다. 회사 일도 유사하다. 한 부서의 일도 고객이 부당하다고 느낄 때 그 파급력은 해당 상품과 서비스에 그치는 것이 아니라 회사 전체에 영향을 주는 시대에 살고 있다. 팀에서 하는 일이 회사를 살릴 수도 있고 거덜 낼 수도 있다.

목표 달성한 것으로만 마무리되지 않는다

제대로 일해야 한다. 이제는 제대로 하지 않으면 생존이 어려워진다. 제대로 하려면 생각을 하고 일을 해야 한다. 이 일을 왜 해야 하며, 이 일을 잘하려면 무엇을 어떻게 해야 하는지 생각을 해야 한다.

필자가 팀장일 때, 한 번은 다른 본부에 근무하는 후배 팀장의 표정이 어두웠다. 차 한 잔 하자면서 자연스럽게 걱정거리가 있는지 물었다. 쉽게 말하지 못할 뭔가가 있는지 차만 마시고 있다가 말문을 열었다. 오늘 상사 성과 면담에서 금년 성과 피드백을 받았다고 한다. 본인은 올해 실적을 다 달성하여 의기양양하게 들어갔는데, "팀 실적은 괜찮긴 한데, 다른 부서에 비해 혁신적인 시도가 부족하다."

라는 상사의 피드백을 들어서 신경이 쓰인다고 했다.

그렇다. 상사가 바라보는 성과는 다른 것이다. 본인은 최선을 다했다고 하는데, 상사가 보기에는 더 잘할 수 있는 일을 놓쳤다고 생각한다. 당해 연도의 팀 목표는 달성했을지라도 환경 변화에 어울리게 실적이 나와야 한다는 것이다.

경쟁사에 비해, 회사 전체 실적에 기여도가 낮다는 의미이다. 즉, 생각 없이 일했다는 것이다. 생각 없이 일했다는 것은 머리를 쓰지 않고 익숙한 방식으로 만들어 낸 결과이다.

구성원은 액면 그대로 목표 달성도를 보고 평가할 수 있지만, 팀장은 다르다. 목표 달성도 물론 중요하지만, 그 목표가 회사 환경 변화에 부응하지 못한다면 성과로 인정받기 어렵다. 단지 정량적인 수치뿐만 아니라 '질'적인 평가도 받는다. '질'적인 성과를 얻기 위해서는 하던 대로 일해서는 달성하기 어렵다.

2호선 순환 열차에서 내려야 다른 열차를 탈 수 있다

팀원들은 맡은 일을 처리하느라 정신없다. 팀장은 회의에 참석하거나 맡긴 과제를 하나하나 꼼꼼히 살피느라 여유가 없다. 어찌 보면 팀원은 팀원대로 팀장은 팀장대로 일에 묶여 있다.

어떻게 하면 팀장은 생각할 시간을 확보할 수 있을까? 일상의 업무에서 빠져나와야 가능하다. 방향이 정해진 일은 팀원에게 모두 다 맡기고, 전체성과에 영향을 미치는 일에 집중해야 한다. 기존 일을 과감하게 팀원에게 책임과 권한을 주고 담당하도록 해야 한다.

조직이 커질수록 풀어야 할 문제는 많아지는데, 팀장이 일일이 관여한다는 것은 팀장이기를 포기하는 것과 같다. 두려워하지 말고 무조건 맡겨야 한다. 일을 잘 맡기는 것도 능력이다. 일을 맡기는 목적은 목표를 이루고 성과를 내는 데 있다. 물론 일을 통한 팀원 육성도 한몫한다. 진정 팀장이 해야 할 일에 집중하도록 업무 조정을 해야 한다. 팀장이 해야 할 일은 제쳐두고 팀원이 해도 될 일을 팀장이 기웃거려서는 팀을 제대로 이끌어 가기 힘들다. 제대로 하려면 일상의 업무에서 내려와야 한다.

확보된 시간에 팀장은 생각하는 시간을 많이 가져야 한다. 전략적이고 혁신할 수 있는 일에 투입해야 한다. 일어난 일이나, 일어날 이슈에 대해서도 꼼꼼하게 고민하여 대응책을 마련하는 시간으로 써야 한다. 팀장은 단순히 근심만 할 게 아니라 근심거리와 맞서기 위해 치밀하게 생각해야 한다.

이런 시간이 있어야 시야가 열리고 진짜 중요한 일이 무엇인지 파악할 수 있다. 이런 일은 방해받지 않은 집중력을 요구한다. 가설을 세우고 토론하고 데이터를 분석하여 시나리오를 짜는데 시간을 넣어야 한다. 하지만 팀장이 이런 일에 시간을 투자하지 않는다면 주변 상황에 영향을 미치기보다 영향받는 일이 점점 많아지게 된다.

팀 업무환경도 변해야 한다

팀원이라고 시간이 많은 것도 아니다. 팀원들의 일하는 환경이 변해야 제대로 선순환이 만들어진다. 먼저 팀원들의 문제해결 능력을 육성시키지 않는다면 기존의 틀에서 빠져나올 수 없다. 문제에 부딪혔을 때 팀원들이 스스로 해결할 수 있도록 수준을 끌어올리는 데 중점을 둬야 한다. 리더는 팀원에게 고기를 잡아주는 임시방편 대신에, 고기 잡는 방법을 알아가도록 이끌어야 한다.

팀원들의 평가 잣대도 변화가 필요하다. 일하는 시간을 기준으로 팀원 공헌도를 판단하지 않아야 한다. 회사는 더 오래, 더 늦게까지 일하는 직원의 체력을 평가할 것이 아니라 같은 일을 더 빨리 끝내도록 경쟁시켜야 한다. 즉, 인풋(Input)이 아니라 아웃풋(Output)으로 평가해야 한다. 인풋인 '양'이 아니라 아웃풋인 업무의 '성과'로 평가하는 것이다.

마지막으로 디지털 도구 활용에 시간을 아끼지 말아야 한다. '똑똑한 업무'를 하지 않으면 경쟁에서 밀리고 도태될 수밖에 없다. 쏟아지는 일거리를 효과적으로 처리하기 위해서는 디지털 도구를 활용해야 한다. 디지털 역량에 따라 업무처리 생산성이 크게 달라진다. 팀장은 팀원들이 도구를 배우고 활용하는데 시간을 아끼지 말도록 지원해야 한다. 처음에는 시간이 걸릴 수 있지만 남는 장사가 된다.

팀 내 업무도 어떻게 하면 일을 더 효율적이고 혁신적으로 단순화할 수 있을지 찾아야 한다. 단순화한다는 것은 디지털 도구를 활용하여 효율화를 가져오게 하는 것 못지않게 불필요한 업무와 보고서 작성에 들어가는 시간을 줄이는 일이다. 그만큼 필요 없는 업무를 축소하고 많은 것을 버려야 가능하다.

　머리로 일을 정리하지 못하면 몸만 바쁘게 된다. 특히 밤을 새우고 뼈 빠지게 노력했는데도 결과를 만들어 내지 못한다면 헛고생한 것이다. 문제는 이러한 일처리가 고생한 것으로만 끝나지 않는다. 상사는 이런 팀장을 어떻게 보겠는가? 방향성이 애매하고, 전략적이지 않고, 머리가 없는 팀장이라고 평가할 것이다. 같은 일을 하면서 왜 이런 수모를 당할 필요가 있겠는가? 현명하지 못한 팀장의 일처리로 고생은 고생대로 한 팀원도 나쁜 영향을 받는다. 팀원은 일을 통해 배우고, 그것으로 평가를 받고, 승진하는 선순환 단계를 밟는다. 그러나 잘못 만난 팀장으로 인생 망치는 일이 발생할 수 있다.

　팀장은 지금 하고 있는 일을 내려놓고, 진정 팀장이 해야 할 일을 찾아 그것을 고민해야 한다. 보이는 부지런함이 아니라 보이지 않는 '생각의 부지런함'이 필요하다. 이제 제대로 일하는 팀장만이 회사와 함께 지속 생존할 수 있다.

바라는 것이 있어야 얻는다

철학자 괴테는 "꿈꿔라, 무엇이든 꿈을 꿔야 이룰 수 있다."라고 말했다. 바라는 게 있어야 사고가 변화하고, 집중할 수 있고, 원하는 방향으로 나아갈 수 있다. 현명한 리더의 첫걸음은 바라는 것이 분명해야 한다. 바라면 준비를 하게 되고 기회가 온다.

필자의 경우 팀장에서 임원이 되고 CEO가 되기까지, 그 핵심은 자신이 뭔가를 바랐다는 것에 있다. 바라는 것이 있었을 때 그 분야에 더 관심을 가지게 됐고, 그 분야에서 변화가 일어나 기회가 만들어졌으며, 선택권이 주어졌다. 자신이 원하고 선택한 업무는 난관이 있더라도 극복하는 힘이 있어, 결국 큰 성과를 만들게 된다. 이러한 일이 필자에게만 국한되지 않을 것이다.

필자도 임원이 되고, CEO가 되었을 때, 하고자 하는 팀장, 도전하는 구성원에게 많은 기회를 주었다.

미국 크라이슬러 자동차 창업주인 월터 크라이슬러는 "사람들이 성공하지 못하는 이유는 기회가 앞문을 두드릴 때, 뒤뜰에 나가 네 잎 클로버를 찾기 때문이다."라고 했다. 원하지 않으면 기회가 있어도 기회라고 포착하지 못한다. 결국에는 노력하고 바라는 구성원이 기회를 포착하게 된다. 기회는 공평하게 주어지지만, 기회라고 느끼는 사람과 기회인지 모르고 흘려보내는 사람만 있을 뿐이다.

비가 오고 눈이 와야 더 단단해진다

필자는 학창시절에 '내가 뭘 해야 잘할까' 고민해 보았지만 뚜렷하게 방향을 잡지 못했다. 대학에 들어가서 길을 찾기 시작했다.

컴퓨터를 전공하여 졸업 후에 개발 회사에서 일하게 되었다.

직장에서 처음 맡은 과제는 국산 대용량 '전전자 교환기(TDX-10)'에 들어가는 데이터베이스관리시스템(DBMS) 소프트웨어 개발이었다.

당시 프로그램 개발 후에 제대로 작동하는지 검증하는 일은 경북 구미에 있는 회사 연구소에서 확인 할 수 없어, 환경이 갖추어진 대전에 있는 한국전자통신연구소(ETRI)에 가야 했다. 주기적으로 프로그램 작업이 일정 부분 마무리되면 대전까지 가서 검증을 했다. 출장으로 갔기 때문에 되도록 짧은 시간에 마무리하고 돌아와야 했다. 그 당시 한번 검증하는 데 많은 시간이 걸려, 자연스럽게 밤샘 개발이 일상이던 시절이었다.

개발은 쉬운 것이 아니었다. 여러 어려움이 있었지만, 그중에서도 생각을 많이 하게 한 사건이 있었다.

개발의 여러 단계 중 한 과정을 넘기 위한 중요한 시험을 앞두고 있었다. 연구원들은 맡은 영역의 준비를 단단히 하여 각자 개발한 프로그램의 개별 검증과 통합 검증을 하기 위해 2박 3일 일정으로 대전에 출장을 갔다. 다른 동료들은 각자 맡은 영역의 검증을 완료하고 필자 영역만 마무리되면 통합 검증을 하고 복귀하려고 했다. 그런데 출장 마지막 날 아침에 검증이 완료될 거라고 생각했는데 새벽에 필자의 영역에서 에러가 나서 하루 더 걸려 마무리되었다. 복귀해서 상사에게 지연된 이유를 보고하는 것도 자존심 상하는 일이지만 스스로 '이것밖에 못 하는 거냐!'고 자책하는 마음이 들어 더 힘들었다.

스스로 이 일이 적성에 맞는지 고민되기도 했다. 이것은 소프트웨어 개발자 자존심에 해당하는 것이기 때문이다. 이런 상황을 어떻게 받아들일지는 사람마다 다르겠지만 필자는 그랬다. 하지만 이런 어려움은 스스로 마음을 다잡는 계기가 되었다. 프로그램은 거짓말을 하지 않는다. 프로그램 단계에서 더 철저하게 검토해야 한다는 것과 시뮬레이션하는 만큼 에러를 줄인다는 것을 가슴 깊이 새기게 해 주었다.

몇 번에 걸친 어려움이 나를 더 단단하게 만들고 철저하게 준비하도록 하였다. 개발은 잘 마무리되어 상용화되었다. 교환기 개발은 수천 명의 연구원이 공동 작업하여 만드는 프로젝트였지만 나에게는 남달리 일의 단맛과 쓴맛을 느끼게 해 주었다. 프로젝트를 처음부터 마무리할 때까지 전 과정을 통해 겪은 다양한 경험은 그 이후에 많은 프로젝트를 진행하는 데 큰 도움이 되었다. 회사 생활에서 어떤 어려움이 있더라도 이겨낸다면 그 어려운 경험은 또 다른 성장에 밑거름이 된다는 것을 알게 해 주었다.

교환기 개발이 완료된 시점은 지금의 이동통신이 막 태동하는 시기였다. 교환기 개발을 통한 유선통신에서의 경험을 이동통신에 접목하면 재미있을 것 같았다. 향후 이동통신은 통신의 큰 축이 될 거라고 생각되어 관심을 가지게 되었다. 관련 기술에 흥미를 느끼던 중 마침 이동통신 회사에서 전문 연구원 모집이 있다는 것을 알게 되었다.

그 당시 회사에서도 신규 프로젝트 준비 기간이었고, 연구소도 지방에서 서울로 이전하는 것으로 결정이 되었다. 이때 회사에서는 연구원 사정에 따라 선택할 수 있는 여지를 주었다. 필자는 여러 고민 끝에 더욱 연구하고 싶은 이동통신 회사로 자리를 옮겼다. 제조회사의 연구원에서 서비스회사의 연구원으로 일하게 되었다.

회사 규정과 제도도 고정된 것은 아니다

회사를 이동하면서 느낀 것은 어느 분야든 그 분야에서 전문가로 활동하고 고민한 경험들은 어디든지 요긴하게 잘 활용할 수 있다는 것이다. 필자가 교환기 개발에서 주로 맡은 역할 중 하나인 DBMS 개발은 국내에서도 몇 안 되는 사람만이 개발하고 실제 다루었던 분야였다. 이후에 이런 데이터를 다루는 기술의 원리는 이동통신 최적화 업무에도 활용할 수 있었다.

이동통신이 아직 시작 단계라서 연구소에서 무엇을 하든 국내 최초이고 세계에서도 경쟁력 있는 일이 되는 시기였다. 일을 통해 더 전문가로 나갈 수 있었다. 이러한 역할이 회사 내부에서 끝나지 않고 외부 학회나 전문가 모임에서 활발하게 강의 활동도 하게 하였다.

하지만 연구소에서만 뜻을 펼치기에는 또 다른 허들이 있었다. 연구원의 의견이 사업부서에서 채택되어 실행되기까지는 상당한 어려움과 시간이 걸렸다. 사사건건 사업부서의 간섭이 일을 더디게 한다고 생각되었다. 모든 결정권은 사업부서에 있었다. 물론 이해는 되었다. 사업부서에서 이런 형태의 일처리를 가져오게 된 원인은 회사의 중심되는 사업이 서비스라는 데 있었다. 전에 근무한 회사는 제품을 개발하여 파는 회사다. 그러니 팔릴 수 있는 제품 개발이 우선시 되었다. 당연히 연구 조직의 의견을 들으려고 했고 힘이 있었다. 하지만 서비스회사는 중심축이 사업부서에 있었다. 제품 개발이 아니라 이동통신의 기본 서비스를 제공하는 일을 가장 우선으로 삼던 시기였다. 그래서 기회가 된다면 사업부서에서 직접 주도적으로 업무를 해 보고 싶었다.

원한다고 모든 것이 쉽게 풀리지는 않는다. 그 당시 회사 인사 규정상 연구소와 사업부서 간에 인력 교류를 할 수 없었다. 그런데 얼마 지나지 않아 근무하고 있던 이동통신 회사가 완전 민영화되어 SK가 주인으로 들어왔다. 그때 회사에서는 연구원과 사업부서와 협력을 강조했고, 일을 더 잘하기 위해서 어떤 환경 조성이 필요한지 의견을 듣는 자리가 있었다. 필자와 몇몇 연구원들은 인력 교류 의견을 제안했다. 이는 사업부서 사람 중 연구를 해 보고 싶은 사람은 연구소에서 일하게 하고, 연구원 중에서 사업부서에서 일하고 싶은 사람은 사업부서에서 일할 수 있는 제안이었다. 회사 내부에서 다른 목소리가 있었지만 결국에는 받아들여졌다.

SK에는 모든 구성원이 함께 실천하기로 약속한 믿음과 일하는 방

식이며, 의사결정의 나침판 역할을 하는 'SK경영관리시스템(SKMS)'
이 있다. 이는 SK를 움직이는 경영철학이다. 그 내용에는 특별히 연
구원과 사업부서의 협력을 중요하게 생각했다. 이런 경영철학이 바탕
에 있었기 때문에 인력 교류가 가능했으리라 생각되었다. 비록 회사
의 제도와 규정이 있지만, 회사에 올바른 도움이 된다면 규정과 제도
를 변경할 수 있다는 것을 경험하게 했다. 중요한 것은 본인이 이루기
를 바라야 하고, 말로써 의사 표시를 해야만 한다는 것이다.

시도해야 얻는다

그러나 막상 교류의 문호를 개방했지만, 호응도는 낮았다. 필자는
평소에 원했고, 기회가 주어졌기에 바로 신청했다. 팀장으로서는 필자
혼자 신청했고, 사업부서 교환팀장으로 전환배치 되었다. 교환팀은
이동통신 서비스가 되도록 하는 핵심적인 장비를 운용하는 곳이다.

필자는 사업부서에서 해 보고 싶은 것들이 많았다. 회사도 젊었지
만, 배치받은 팀의 팀원들도 다른 팀에 비해 상대적으로 젊었다. 젊
은 팀원들은 다양한 일을 도전해 보고 싶어 했다. 연구원에서 온 팀
장에 대한 기대도 한몫했다. 특히 회사에서도 도전적으로 과제를 정
해 일하는 것을 장려하였다.

이때 도전적으로 수행한 과제가 '서비스 중단 없이 교환기 S/W 업
그레이드'였다. 그때까지만 해도 교환기 소프트웨어 업그레이드를 하
려면 새벽에 교환기 서비스를 중단시킨 상태에서 작업을 해야 했다.
해당 교환기가 서비스하는 지역에는 2시간 이상 고객이 이동전화 통

화를 할 수 없었다. 이는 휴대폰의 소프트웨어 프로그램을 업그레이드하려면 휴대폰이 그 시간만큼 제 기능을 못 하는 것과 같다. 그 당시 기술로는 이렇게 작업하는 것이 안정성을 위해 어쩔 수 없다고 여겼다. 하지만 대도시를 관할하는 교환기를 작업하면 그다음 날 고객센터는 항상 고객 불만 전화로 정신이 없었다.

교환기는 휴대폰에 비해 수천, 수만 배 이상 장비들이 들어간 것이다. 복잡하고 어렵지만, 서비스 중단 없이 소프트웨어를 업그레이드할 수 있는 교환기를 완성시키고 싶었다. 이러한 생각을 할 수 있었던 것은 필자가 교환기 개발 초창기부터 이러한 일에 관여했고, 특히 데이터 다루는 일을 해 보았기 때문에 시도할 수 있었다.

새로운 도전에 도움을 줄 손길도 있었다. 이런 기능을 개발하고 완성하려는 교환기 제조회사가 있었고, 맡고 있는 교환실에 신규 교환기가 예정되어 있어 미리 실험하는 용도로 사용할 수도 있었다. 무엇보다 적극적으로 해 보려는 팀원들이 있었기에 용기를 낼 수 있었다.

그렇지만 막상 일이 시작되었을 때는 여러 장애요인들이 발생했다. 개발의 어려움은 뒤로하고라도 더 어려운 일은 실패했을 때 책임을 감당할 수 있겠냐는 것이었다. 가까이는 상사를 설득시키는 것부터가 문제였다. 그래도 여러 어려움을 극복하고 진행할 수 있었던 것은 언젠가는 완성시켜야 하는 기술이라는 것에 대한 공감 때문이었다. 많은 어려움을 이겨내고 사업부서로 이동한 첫해에 성공적으로 완료시켰다. 그해 연말에 회사에서 주는 팀 단위의 최고의 상을 받았다.

돌아보면 성공할 수 있었던 많은 요인들이 있었지만, 그중에서도 가장 중요한 요인은 과제의 명확성이었다. 언젠가는 완성시켜야 할 과제라는 것을 알고 있었다. 하지만 위험성 때문에 누구도 선뜻 나서지 않은 과제였다. 무엇보다 현장에서 시험을 많이 해봐야 완성시킬 수 있었는데, 시험할 수 있는 환경과 장비회사의 전폭적인 지원을 이끌어 낸 것이 큰 도움이 되었다. 명확한 목표는 긍정적인 결과를 낳는다. 진정 원하는 것은 외적 자극이 아니라 내적 동기가 있을 때 더 강렬하게 움직인다. 현명한 리더의 첫걸음은 바라는 것이 분명해야 함을 다시 느끼게 해 주었다.

무엇이 차이를 만들어 내는가?

리더들은 매일 출근하고, 퇴근하고, 하루 비슷한 시간을 회사에서 보낸다. 그런데 왜 누구는 탁월한 리더가 되고, 누구는 그렇고 그런 리더가 되는가? 어떤 차이가 있는 걸까? 능력, 태도, 마음가짐 등 무수한 요인이 있겠지만 그 기본에는 일을 바라보는 관점에 차이가 있다고 생각한다. 동일한 사항을 두고 어떻게 바라보고, 어떻게 대처하는지가 그 중심에 있다.

하지만 리더는 일하는 스타일을 쉽게 바꾸지 않는다. 리더는 각자 자신의 방식으로 생각하고, 소통하고, 행동하고, 관계를 맺기 때문이다. 리더는 이러한 일련의 패턴을 의식하든 의식하지 않든 갖고 있다. 사람은 과거를 반복하는 일에 익숙하고 편안함을 느끼기 때문이다.

세계적 글로벌 기업을 대상으로 생산적 사고와 혁신 분야에서 컨설턴트로 활동하고 있는 팀 허슨(Tim Hurson)은 그의 책 《탁월한 생각은 어떻게 만들어지는가》에서 "인간은 패턴의 동물인지라 대부분의 사람은 생산적 사고보다 재생적 사고를 하면서 많은 시간을 보낸다. 결과적으로 재생적 사고에서 얻은 경험의 렌즈로 세상을 바라보는 경향이 있다. 따라서 재생적 사고는 기본적으로 과거를 반복하는 일이다. 전에 해오던 방식대로 행동하고 전에 생각했던 방식대로 생각하는 것이다."라고 한다.

업무에 변화를 주기 위해서는 패턴의 변화가 필요하다. 좋은 패턴은 유지하되 다양한 피드백을 통해 자신의 패턴을 알아내어 스스로 객관화하는 작업이 뒤따라야 한다. 패턴의 변화는 관점을 달리하는 게 시작이 될 수 있다.

관점이 다르면 결과도 다르다

치열한 경쟁을 뚫고 회사에 입사했으면 누구나 일을 잘할 수 있는 기본 스펙을 갖고 있다. 그러나 시간이 지나고 나면 조금씩 다른 성과를 만들고 다른 평판을 듣는다. 같은 일을 하더라도 누구는 기대 이상의 성과를 만들어 내고, 누구는 그저 그런 결과를 만들어 낸다. 성과를 만들어 내는 리더는 같은 일이라도 다르게 보고, 차별되게 생각하고 실행하기 때문이다. 다른 어떤 사람이 같은 일을 다시 하더라도 자신이 만든 성과 이상은 만들기 어려울 거라고 자신하면서 일을 한다.

필자의 경험으로 "될성부른 나무는 떡잎부터 알아본다."라는 것이 상당히 의미 있다고 본다. 신입사원 때부터 남다르게 일하는 구성원이 성과를 만들어 내고, 조직의 핵심인재로 성장하는 것을 자주 봐왔다. 이는 사람마다 일하는 패턴이 있어, 시간이 지나더라도 잘 변하지도 않아 일의 성과가 크게 바뀌거나 달라지지 않는다는 사실을 의미한다. 각자 갖고 있는 일처리 패턴에 변화가 없기 때문이다. 스스로 깨닫고 변화하는 자만이 내일을 기대할 수 있다. 다른 길을 가려면 지금 타고 있는 전철에서 내려 다른 노선의 전철로 갈아타야 한다. 타고 있는 전철에서 내리지 않고는 경로 변경이 어렵다.

팀이라는 조직은 팀장만 투입되는 곳이 아니라 팀원 전체 자원이 들어간다. 일이 잘못 되면 고생은 고생대로 하고 평가는 바닥에 깔리게 된다. 단지 관점의 차이로 인해 얼마나 손실이 큰가. 관점이 바르지 못하면 다른 방향성을 만들어 내고, 방향성이 틀리면 실제 실행하여도 성과는 미미하게 된다. 이는 자원의 낭비를 초래하게 된다. 결국, 무능한 리더와 현명한 리더의 차이는 관점이다. 관점이 다르면 결과도 다르다.

현명한 리더는 다른 사람이 주장하고, 분석한 것들을 스스로 다시 분리하고 조합하여 해석하는 능력을 지닌다. 팀장은 어려운 상황이 닥쳤을 때 생각에 생각을 거듭하다 보면 직감적으로 결단을 하게 된다. 이러한 직감은 단순히 충동적인 선택이 아니라 생각에 생각을 거듭한 후에 언뜻 떠오른 결과이다. 생각을 지속시킨 사람에게는 직감이 떠오른다. 많은 생각을 거듭했기에 어떠한 반론에도 동요되지 않은 신념이 탄생한다.

생각은 관점으로부터 시작한다. 바른 관점은 상황을 넓게 보게 하고, 미래의 가능성을 보고 올바른 결론을 내리게 한다. 관점은 위기를 기회로 바꿀 수 있다.

바른 관점이 습관화되어 어느 정도 궤도에 오르면 일을 즐기게 된다. 결과를 바꾸고 싶다면 습관을 재점검해야 한다. 지금까지 놀던 틀 밖으로 나와 놀아야 한다. 일에 묻혀 '열심히' 하는 것에서 '다르게' 생각하고 볼 수 있는 생각의 근육을 키워야 한다. 어떻게 하면 관점을 달리하여 볼 수 있을까? 필자가 사용하는 세 가지를 소개한다.

첫째, '통으로' 보는 것이다.

'통으로' 본다는 것은 어떤 문제에 대해 마디마디를 보는 게 아니라 의도와 맥락을 읽어 본질을 보는 것이다. 대관세찰(大觀細察)의 대관에 해당하는 것이며, 줌인(Zoom in)과 줌아웃(Zoom out)에서 줌아웃으로 크게 보는 것이다. 나무의 가지만 보는 것이 아니라 뿌리에서 가지까지 전체를 보는 것이다.

예를 들어, 업무적으로 주간보고나 월례보고에는 잘 진행되고 있더라도, 전체로 보면 진도가 느린지 빠뜨리고 있는 게 있는지 볼 수 있다. 또한, 해당 업무가 완료되었을 때, 그동안의 기술변화나 사업환경 변화에도 당초 계획대로 효과가 날지를 가늠해 볼 수 있다. 지엽적이고 단편적인 사항에 얽매이다 보면 큰 흐름을 놓칠 수 있기 때문에 제대로 방향성을 점검하려면 통으로 보아야 한다.

상사에게 보고하다 보면 생각하지 못한 날카로운 질문을 받고 당황한 경험이 있을 것이다. 그들은 다른 질문, 본질에 해당하는 질문을 한다. 상사는 어떻게 그런 질문을 할 수 있었는지 혀를 내 두르게 된다. 이런 상황을 겪고 나면 자신은 왜 미리 저런 생각을 못 했는지 스스로 반성하는 경우도 있다. 상사는 통으로 보고 의심이 드는 것을 질문하기 때문이다.

등산하다 보면 정상에 이르러야 전체 등산길이 파악되듯이 통으로 볼 때 일의 방향성이 명확해진다. 이미 추진 중인 일일지라도 주기적으로 방향성 점검은 해야 하다. 이미 남들이 하고 있거나 할 필요 없는 일을 하고 있을 수 있다. 아무리 열심히 하더라도 방향성이 잘못되면 아무 쓸모 없는 일이 되고 만다.

둘째, '관점의 틀'을 갖고 있자.

'틀'을 갖고 있으면 다른 관점이 열린다. '틀'을 갖고 거기에 맞추어 답해 보는 것이다. 보고서를 검토하거나 보완할 때, '틀'을 갖고 대입하여 질문을 하다 보면 정리가 된다. 다루어야 할 걸 빠트렸는지 보인다. 이는 보고서 검토뿐만 아니라 회의하거나 일이 잘 풀리지 않을 때 활용할 수 있는 방법이다. 필자는 이러한 상황에서 다음과 같은 질문 '틀'을 사용했다.

① 일의 본질이 무엇인가?
② 통상적으로 일처리는 어떻게 할까?
③ 차별화할 수 있는 것은 무엇인가?
④ 특화할 수 있는 것은 무엇인가?
⑤ 나의 상사, 롤모델은 어떻게 처리할까?
⑥ 제시하는 일이 다 되었다고 가정할 때, 잘 작동할까? 다른 문제는 없는가?

여기서 차별화는 비교 대상과 차이 나게 하는 것을 의미하고, 특화는 지금까지 준비한 안이 최선인지, 다른 더 좋은 방안은 없는지 한 번 더 생각해보는 것이다. 특화는 평범함에 안주하지 않고 탁월

함을 추구하는 것이다. 끊임없이 생각한 후에 바른 의사결정을 할 수 있다. 이런 방식을 순서에 맞게 그대로 할 필요는 없다. 일의 중요성, 어떻게 해야 할지 감이 잘 오지 않을 때 몇 가지를 선택해서 사용하면 된다. 사고의 틀을 갖고 생각의 폭을 넓혀 본다면 다른 관점에서 일을 바라보게 된다. 이런 질문이 꼬리에 꼬리를 물고 쌓이면 일의 완성도는 올라갈 것이다.

셋째, '왜?'라는 질문을 자주 사용하자.

본질, 핵심, 관점을 달리하기 위한 출발점이다. 현명한 리더는 직위나 분야와 관계없이 모두 이 '왜?'라는 질문을 통해 생각하고 행동하고 소통한다. '왜'라는 질문은 관점을 다르게 하고, 다르게 생각하도록 한다.

사람들을 움직이고 일을 진척시키는 방법으로 '공감'의 기법을 사용한다. 이는 시켜서 하는 것이 아니라 스스로 하게 하는 방법이다. 공감의 기법이 바로 '왜?'라는 질문으로부터 이루어진다. 질문을 통해 생각을 알아내고, 서로가 생각하는 간격을 좁혀 공감을 만들어 낸다. 공감하면 따라가는 것이 아니라 자신이 주도한다고 생각이 들게 한다.

'왜?'라는 질문을 품고 탐구하다 보면 깊은 이해를 할 수 있고, 그 결과로 어떤 일들이 일어날 수 있는지 미리 생각해 볼 수 있다. 사건을 단순하게 받아들이지 않고 원인과 결과 그리고 그로 인해 일어나게 될 일들을 입체적으로 혹은 맥락적으로 파악할 기회를 포착하게 된다.

가끔은 누가 일을 잘하면 왜 잘하는지 분석해 보고 판단하는 것도 재미있다. 자세히 보면 다른 뭔가가 있다. 이것이 차이를 만든다. 일을 하는데, 첫 방향을 어떻게 설정하느냐에 따라 보이는 것이 달라지고, 선택하고 집중하는 게 달라진다. 처음에는 별 차이가 없겠지만, 시간이 지나면서 처음 1도의 방향성 차이는 시간에 비례해서 큰 차이를 만들어 낸다. 그것이 누적되면 현재의 위치와는 다른 위치에 있게 된다. 단지 관점의 전환이 이 차이를 만들어 낸다.

내재된 역량을 믿어라

인간은 자신의 뇌를 3%도 못쓴다고 한다. 팀장이 자신의 능력이 어디까지 가능한지 한번 꺼내보지 못하고, 시도조차 해보지 못하면 아깝지 않을까? 지금 하지 않으면 언젠가 이 시기를 돌아보았을 때 '한번 해볼걸…'이라고 후회할 수 있다. 한번 리더의 길에 들어선 이상 아직 써먹지 못한 자신의 잠재 역량을 끄집어내어 활용해 봐야 한다.

팀장은 생각을 해야 하는 자리이다. 최고의 성과를 만들기 위해 좀 더 구체적이고 전략적으로 차별화된 생각을 해야 한다. 생각하는 능력은 이슈들을 해결해 나가는 과정에서, 업무를 개선하기 위해 스스로 생각하는 연습을 통해 지속적으로 높아진다. 생각도 기술이다. 우리가 근육을 단련시키듯, 생각하는 능력 또한 꾸준히 단련시켜야 한다. 인지심리학에서 생각은 정보를 결합해 나아가는 과정이라고 정의한다. 팀장은 어떤 이슈에 대해 듣거나 보거나 경험한 다양한 정보를 분리하고 다시 결합하는 과정을 통해 새로운 생각을 하고 생각한 것을 실행해 볼 수 있다.

생각도 관리가 필요하다. 생산된 생각은 잘 저장하고, 드러내 봐야 한다. 생각한 내용은 저장하지 않으면 소멸된다. 생각은 어떤 생각의 답을 찾아 범위를 좁혀가지만, 연속적으로 생각하지 않으면 그 생각의 내용은 소멸된다. 그래서 저장해야 한다. 저장은 사람의 손과 입이 필요하다. 말이나 글로 저장시켜두어야 다시 써먹을 수 있다. 말로써 생각을 드러내야 자신의 생각이 맞는지 더 보완해야 할지 알아차린다. 드러냄은 생각한 것을 한 걸음 떨어져서 위에서 내려다보면서 객관적으로 볼 수 있게 만든다. 내가 뭘 모르고 뭘 아는지 명료하게 한다.

능력은 개발될 수 있는 것인가?

생각하고, 저장하고, 드러내는 것으로 업무 능력이 향상할 수 있는가라고 반문할 수 있다. 필자도 그러한 과정을 통해 조금씩 업무 능력을 키웠기 때문에 가능하다고 생각한다.

네덜란드 라이덴대학교의 베엔만(Marcel Veenman) 교수의 '학습능력을 결정하는 요인' 연구에 따르면, 지능지수가 성적의 25% 정도에 관여하는 데 비해 메타인지는 성적의 40%나 관여한다는 것을 밝혀냈다. 흥미로운 사실은 지능지수는 후천적 노력으로 변화되는 것이 거의 없는 반면, 메타인지는 노력에 따라서 달라질 수 있다는 것이다.

메타인지(Metacognition)란 자신이 무엇을 알고 무엇을 모르는지에 대해 아는 것에서부터, 모르는 부분을 보완하기 위해 계획을 세우고 이를 실행하는 전 과정을 말한다. 인지(cognition)의 사전적 의미는 어떠한 사실을 분명하게 아는 것이다. 메타인지는 '인지'에서 한 걸음 더 나아가 자신의 인지 과정에 대해 한 차원 높은 시각에서 관찰하고 발견하고 통제하는 정신작용이라 할 수 있다.

따라서 인지는 지식을 단순하게 이해하는 것이지만 메타인지는 자신의 지식 상태를 파악하고 그 지식을 적절하게 활용하는 것을 말한다. 인간은 메타인지를 통해 문제해결에 필요한 것이 무엇인가를 선택하고 계획을 세우며, 얻어진 해답에 대한 확신을 얻기 위해 관찰하고 통제하는 사고 활동을 거친다.

메타인지에 대해 좀 더 구체적으로 실험을 한 내용이 EBS 방송사의 〈0.1%의 비밀〉이라는 프로그램에서 방영했다. 이 프로그램에서는 전국 모의고사 전국 석차가 0.1% 안에 들어가는 800명의 학생들과 평범한 학생들 700명을 비교하면서 도대체 두 그룹 간에는 어떠한 차이가 있는가를 중요하게 다루었다.

실험에 참가한 학생들에게 연관성이 없는 단어 25개를 일정 시간 동안 외우게 했다. 학생들은 외우는 것에 집중했지만, 이 실험의 진짜 목적은 외운 개수가 아닌, 스스로 몇 개를 외우고 있는지 판단하는 능력을 살펴보는 것이다. 일반 학생들은 모르는 단어의 수를 추측하지 못하였지만, 상위 0.1%의 학생들은 외우지 못한 단어의 수를 정확하게 예측했다. 이 실험을 통해서 공부 잘하는 학생의 공통점으로 학습한 내용 중 모르는 부분을 명확하게 아는 인지력 지수가 높다는 것을 확인하였다.

메타인지가 높은 사람은 내가 뭘 알고 뭘 모르는지, 내가 하는 행동이 어떠한 결과를 낼 것인지 정확히 알고 있다. 그들은 자신이 잘하는 것은 살리고, 모자라는 것은 학습으로 보완한다. 모르는 것이 무엇인지 알면 모르는 것을 찾아보고 알아가는 과정에서 능동적인 자신을 만들고 주도성을 높인다.

알아가는 과정에서도 지금까지 축적된 지식들과 충돌이 발생하며, '왜 그럴까?'라는 의심이 다시 궁금증을 유발하는 선순환 고리를 만들어 낸다. 이러한 지적 활동 과정은 문제해결 능력과 창의력을 증폭시킨다.

팀장의 메타인지는 의사결정 능력에 영향을 미친다. 리더는 하루 업무에서 의사결정이 대부분을 차지한다. 회의나 토론에서 의사결정을 해야 할 경우, 회의에서 나온 다양한 의견에다가 자신이 지닌 지식이나 경험을 종합하여 판단한다. 이때 팀장이 안다는 것과 모른다는 것이 부정확하면 잘못된 의사결정을 할 수 있다. 메타인지가 높다면 아는 것과 모르는 것을 구분할 수 있고, 애매한 것은 묻고 다시 확인하여 결정할 수 있다. 의사결정의 정확도를 높이면 그만큼 성공 확률이 높아진다.

평소에 업무를 할 때도 본인 직무에 대한 비판적 사고를 통하여 객관적으로 무엇을 못하고 있고 부족한지 알 수 있다. 메타인지가 높으면 자신의 결정에 대한 확신과 자신감이 높아진다.

일처리 프로세스는 메타인지를 높일 수 있는 구조이다

메타인지를 높이는 방법에는 어떤 것이 있을까? 직장생활 자체가 메타인지를 높이는 구조로 되어있다. 회사는 자신의 생각을 드러내고, 피드백을 받고, 생각하여 수정하고, 다시 자신의 생각을 드러내는 작업의 연속이기 때문이다. 자신이 생각한 것을 피드백 받아 다시 생각하는 것 자체가 생각의 메타인지를 높이는 과정이다. 그럼에도 일상 업무에서 더 적극적으로 메타인지를 높이는 활동이 있다.

첫째, 보고이다.

보고는 자신의 생각을 정리하여 체계적으로 표현하는 것이지만, 다시 상사와 참석자들로부터 보고 내용에 대한 토론과 검토가 이루어져 피드백을 받는 시간이기도 하다. 어떤 경우에는 보고 내용 자체에 대한 질문을 받는다. 보고자가 어려운 용어를 사용하거나, 어렵게 설명한 경우이다. 참석자 수준에 맞는 용어와 설명을 잘하는 것도 중요하다. 이런 알아차림도 메타인지를 높이는 방법이다. 팀장은 보고나 회의 후에 생각을 요약해 보는 것이 좋다. 중요 이슈거리의 정리도 된다. 보고를 직접 해 보는 것 자체가 메타인지를 높일 수 있다.

둘째, 토론을 즐기는 것이다.

토론은 어떤 문제에 대하여 여러 사람이 각각 의견을 말하며 논의하는 것이다. 사내 회의나 독서모임은 토론을 통해 메타인지를 키울 좋은 자리이다. 본인이 이해한 것을 설명하다 보면 다른 사람이 이해한 것과의 차이를 느낄 수 있다. 왜 다른 사람은 저렇게 생각하는지 생각해 보는 것 자체가 메타인지의 작동이다. 자신의 이야기에 동의하든 안하든 피드백이 있다. 이는 자신의 생각을 다시 생각해 볼 수 있는 계기를 만들어 준다.

셋째, 평소와 다른 일에 참여하는 것이다.

평소와 다른 일은 회사의 중요한 단기 업무 TF(Task Force)에 들어가거나 워크숍에 참가하기 등이 있다. TF에서는 평소 하던 일을 다른 관점에서 볼 수 있고, 확장해서 볼 기회가 주어진다. 그리고 다른 사람은 어떻게 생각하는지 알 수 있다. 워크숍도 자신의 의견을 드러내고 참가자들의 의견을 듣고 생각을 정리하는 좋은 기회를 제공한다. 평소 자주 보는 사람보다는 평소 만나지 않은 그룹에 속한다면 더 보탬이 될 것이다. 편견 없이 자신을 알 수 있고, 다른 사람의 생각과 비교 평가할 수 있다.

회사에서 대부분의 시간이 메타인지로 채워지는 직무가 있다. 바로 비서실이나 사장실이다. 여기에 근무한 구성원들은 어떤 현상을 요약하고 핵심을 짚는 능력이 뛰어난 것으로 평가를 받는다. 그들은 현업에 다시 복귀해도 탁월한 결과를 내는 경우가 많다. 이는 위에서 설명한 메타인지 훈련이 업무 중에 자연스럽게 반복되어 생각 두뇌 구조가 바뀌어 있기 때문이다. 늘 바쁜 CEO들에게 시시때때로 어떤 경우는 매우 짧게, 어떤 경우는 세밀하게 보고 내용을 조절하고 피드백 받을 수 있는 환경에 지속적으로 노출된 결과이다.

팀장은 100M 달리기 선수가 아니다

인력 시장이 바뀌고 있다. 나이와 관계없이 일할 수 있는 '정년 파괴' 실험을 하고 있다. 국내 어느 반도체 기술 회사는 2019년부터 엔지니어를 대상으로 '무정년제도'를 실시하고 있다. 전문성을 갖춘 우수 엔지니어들이 정년 이후에도 연구개발·제조·분석 등의 업무를 계속할 수 있도록 한 것이다. 명예퇴직 제도를 없애는 회사도 있다. 정년 파괴나 명예퇴직 관행을 없애는 실험들은 결국 우수 인력들이 정년을 넘어서도 회사에 남게 돼 직원 본인은 물론이고, 회사의 경쟁력도 향상될 것으로 기대하기 때문이다.

만 60세인 정년을 추가로 연장하는 방안이 사회 저변에서 이야기되고 있다. 국내에서도 지금까지 60세 정년 의무화가 장기간에 걸쳐 이루어져 왔지만, 추가 연장에 대해서도 정부에 이어 노동계까지 그 필요성을 언급하고 있다. 앞으로 사회적 논의가 더욱 활발해질 것으로 전망된다. 해외에서는 독일, 프랑스 등도 65세인 정년을 더 올리는 작업을 추진 중이고, 일본의 경우는 정년을 70세 이상으로 연장하는 것을 목표로 논의되고 있다.

이미 변화는 시작되었다

회사마다 조직 혁신의 움직임이 확산되고 있다. 지식노동의 비중이 커지고 있는 4차 산업혁명 시대에서는 정년이라는 틀에 갇히지 않고 풍부한 경험을 가진 전문화된 인력이 계속 일할 수 있게 될 것이다. 하지만 이는 청년실업이라는 세대 간 충돌과 임금체계, 노동시장의 제도적 변화 등 고려해야 할 요소 하나하나가 사회적 파급력이 크다. 그렇지만 정년 연장은 세계적 추세다. 이러한 흐름을 반영하고 기업의 생산성을 지속적으로 높이기 위해서 다양한 변화들이 이루어지고 있다.

조직에서도 자유로운 토론 문화를 바탕으로 중요한 시점마다 협업하는 조직문화로 변화되고 있다. 호칭 변경으로 상대방과의 관계를 새롭게 하는 문화도 한 가지 사례이다. 혁신은 수평적인 문화에서 더 활발한데 우리나라는 위계에 따른 호칭 체계가 걸림돌로 작용한다. 직급과 호칭 체계 변경을 통해 연공이 아닌 업무 전문성을 바탕으로 일할 수 있는 환경을 제공하여 의사결정 속도와 업무 효율성을 높이고 있다.

승진에서도 완전 역량 중심 승진이 시작되고 있다. 승진 연한의 단축, 폐지를 넘어 앞으로는 승진 연한을 논하는 것이 무의미하게 된다. 능력을 인정받으면 은퇴 시점까지 언제든지 승진할 수 있는 완전 역량 중심 승진이 될 것이다.

다양한 경험은 미래에 또 다른 역할을 만들어 낸다

초등학교 운동회 날, 학부형을 대상으로 하는 100M 달리기 대회를 보면, 골인 지점에 가까이 오면 승패가 이미 결정 났다고 판단하여 그 이상 달리기를 포기하고 걸어서 골인 지점에 도착하는 것을 자주 본다. 이제는 100M 달리기가 아니다. 성급히 포기해선 안 된다. 나이는 문제가 되지 않는다.

비즈니스 우먼이자 정치가인 헤이즐 매켈리언은 캐나다에서 가장 오래 시장을 한 사람으로 유명하다. 그녀는 2014년 93세까지 캐나다에서 6번째로 큰 도시인 온타리오주 미시소가(Mississauga)의 시장을 역임했다. 2020년 99세 나이에도 불구하고 그녀는 경험을 살려 기업, 학교와 지역사회에서 왕성하게 활동하고 있다. 일반 사람의 은퇴 시기인 60세 이후에도 40년 동안 일을 하고 있다. 그녀는 어떻게 그렇게 건강하고 활동적인지에 대한 한 인터뷰 질문에 "성공하려면 열심히 일하고 매일을 소중히 여겨야합니다.", "이 땅에 있을 목적이 있어야 합니다. 그리고 목적이 있을 때 그것을 성취하게 됩니다. 신체적으로나 정신적으로 활동적인 상태를 유지하십시오."라고 그녀의 생각을 털어놓았다. 앞으로 이런 사례는 특별한 것이 아닐 수 있다.

앞으로 이루지 못할 것이라고 미리 포기하는 것에서 깨어나야 한다. 더 크게 보면 회사 경험과 경력이 지금 있는 회사에서 마무리되지 않는다. 어떤 일이든 업무적인 경험은 앞으로 다른 기회를 만드는데 힘이 될 것이다. 회사에서 일을 통해 배운 전문분야의 경험뿐만 아니라 팀장으로서 조직관리, 인력 관리의 역량도 중요하다. 팀장의 다양한 역할을 제대로 한다면 그런 경험은 미래에 다른 역할을 할 때 큰 도움을 줄 것이다.

인사 제도에서도 이미 다른 시도가 있다

CEO 재직 때 필자는 구성원들의 평균 나이가 높아짐에 따라 승진 제도에서도 변화가 필요함을 느꼈다. 팀장을 선발할 때, 연차가 오래된 팀원들은 배제하는 것이 일반적이다. 그들은 오래도록 팀원에 머물러 있어 팀장이 되기에 이미 때를 놓쳤거나 역량에 한계가 있다고 봐 왔다. 팀장으로 승진시키더라도 이미 동료보다 늦었기 때문에 협력을 끌어내기에 어렵다고 생각했다.

하지만 사회 근로 환경의 변화와 맞물려 재검토하게 되었다. 후보자 추천에서 나이를 배제하고 조건을 공평하게 하도록 했다. 그랬더니 정년에 가까운 구성원 몇몇이 팀장 후보로 다시 들어오게 되었다. 팀장 후보 면접 때는 나이를 의식하지 않고 사고의 유연성과 본인이 해 보려는 의지를 파악하는데 주안점을 두었다. 늦은 나이에 팀장이 되면 나타나는 현상 중 하나는 현장을 떠나 관리에만 집중하는 경향이 있고, 팀원들을 닦달해서 성과를 만드는 경우가 있기 때문이다.

새로운 승진 심사 방식에 의해 예전에는 승진 후보자로 탈락되었을 구성원이 신임 팀장으로 승진되었다. 선발된 신임 팀장은 연초 팀장 모임에서 자신을 소개하면서 "생각지도 못했는데, 늦은 나이임에도 팀장이 된 것은 가문의 영광입니다. 하지만 앞으로 나이만 많은 형님이 아니라 진정한 리더로서 성과를 내겠다."라고 했다. "일을 통해 팀원이 성장하도록 도와주는 리더십을 발휘하겠다."라고 약속하였다.

그들은 우려와는 달리 현장 리더십을 보였다. 1년이 지난 연말에는 그들의 본부장, 동료 팀장들도 놀랄 정도의 높은 성과를 달성하였다. 그들은 주변 평가에서도 높은 점수를 받았다.

높은 성과를 만들어 낸 요인에 대해 "뜻을 펼칠 수 있는 업무 환경이 크게 작용 되었습니다. 나이와 관계없이 누구라도 역량이 된다면 리더가 될 수 있다는 분위기를 만들어 주었기 때문에 일만 생각할 수 있었습니다."라고 말했다. 누구든 회사가 인정해준다면 자신의 역량과 열정을 불어 넣어 성과를 낼 수 있다는 것을 보여주었다. 늦은 나이라도 태도와 역량을 갖춘 팀장 후보자는 제외할 필요가 없겠다는 확신이 들었다.

이러한 변화는 승진하는 사람에게만 영향을 주는 게 아니었다. 구성원들에게도 역량이 된다면 나이에 관계없이 승진할 수 있다는 것을 알게 해 주었다.

조직이라는 것이 무엇인가. 구성원들의 능력을 끌어올려 높은 성과를 만들어 내는 게 조직의 순기능이라고 본다. 앞으로 더 빠른 속도로 인사 제도의 변화가 있을 것으로 본다. 인력 환경이 바뀌면 거기에 맞는 운영이 필요하다. 창의적인 역할을 위해 빠른 나이에 승진한 팀장도 필요하겠지만, 경험과 역량을 갖고 열정을 불어 넣어줄 팀장도 필요하다. 나이에 상관없이 능력을 발휘할 수 있을 때 리더의 역할을 맡기면 된다.

일에 대한 열정이 미래 가치를 만든다

앞으로는 수명 연장으로 직장에서의 은퇴가 끝은 아니다. 제2, 제3의 직업으로 평생 현역을 계속해야 할 것이다. 그렇다고 미리 다른 준비를 할 게 아니다. 지금 하고 있는 업무에서 열정을 불어 넣어 일함으로써 그런 경험들이 본인의 미래 가치를 만들 수 있게 해야 한다. 어떤 일을 하든 그 일을 통해 성과를 만들어 내고, 그 과정에서 일처리 방법과 역량을 쌓아가야 한다.

근로시간의 변화는 아직 시작에 불과하지만 머지않아 일주일에 2일, 3일만 일하는 업무도 늘어날 것이다. 지금까지 봐온 선배들의 생활 형태를 따라갈 수도 없고, 갈 필요도 없다. 기술변화, 사회환경, 근로환경에 의해 회사에서 요구하는 인력 형태도 변한다. 지금까지 단거리라고 생각하던 직장생활 틀을 벗고 인생 전체 관점에서 장거리 마라톤을 달리는 현명함이 필요할 때다. 늦깎이로 성공한 사람들의 이야기는 더 이상 예외적인 일이 아니다. 늦었다고 미리 포기할 것이 아니라 긴 마라톤을 달린다고 생각해야 한다. 인생은 마라톤이다.

제 2장

성공 마인드 리더십

언택트 시대,
팀장의 성공 마인드맵

언택트 시대, 팀은 작은 회사다

팀장은 팀 자체가 회사라고 생각하고 팀을 경영해야 한다. 팀 자체가 회사라고 생각하면 지금 맡은 업무가 다르게 보이고 할 일이 새롭게 보인다. 조직도상의 팀으로만 생각하면 바라보는 시야가 좁아진다.

팀 자체가 회사라면 팀장은 곧 사장이다. 사장이라는 생각으로 팀을 경영하게 되는 것이다. 어떤 업무를 맡든 사장으로 회사 일을 한다면 일을 대하는 태도가 달라진다. 상사는 가장 준엄한 고객이 되고, 업무로 연결된 동료 팀은 가치사슬의 협력하는 회사가 된다. 팀이라는 짜인 틀을 벗어나면 일이 다르게 보이고 다르게 하게 된다. 팀장은 팀이라는 회사의 CEO이다.

필자의 이야기를 해야겠다. 연구원에서 팀장으로 일할 때 벤처 붐이 일어났다. 그 당시 회사에서는 연구원이 업무 수행하던 일을 가지고 벤처회사를 설립하여 직접 경영하도록 지원해 주는 제도가 있었다. 곧 연구원들 사이에서 자신이 하던 일을 더 깊이 파고들어 시장에서 승부를 보려는 분위기가 만들어졌다. 발 빠른 일부 연구원은 벤처회사를 만들거나, 그런 회사에 핵심 인력으로 이동했다.

필자도 이동통신 장비 관련 일을 같이 해보자는 제안을 받았다. 이 런저런 고민을 하던 시기에 그런 제안은 매력적으로 다가왔다. 하지만 막상 마음을 정해야 하는 때가 닥치니 바로 결정할 수 없었다.

어떤 일이든 쉬운 것은 없겠지만 무엇보다도 결정하는 데 어려운 점은 아직까지 구체적으로 자신의 성장 방향을 정하지 못했기 때문 이었다. 지금까지 이루고자 하는 것에 대해 깊이 생각하지 않고 회사 생활을 하고 있었다. 주도적으로 삶을 일궈나가지 못하고 아직까지도 시류에 따라 영향을 받고 있다고 생각되었다.

왜 일하는가? 돈을 벌고 목표한 바를 이루어가면서 성장하고 발전 하기 위해서라고 생각한다. 성장하고 발전하려면 무엇보다도 먼저 지 금 맡은 일에 열정을 갖고 최선을 다해야 한다.

그럼 지금 있는 환경이 성장과 발전에 문제가 되는가? 그렇지 않 다고 생각했다. 있는 자리에서 절박감을 갖고 시도해 보지도 않았고, 만족할만한 결과를 만들어 내 보지도 못했다. 주도적이지 않은 마음 으로는 어디든 결과는 제한적일 것이다. 그렇다면 여기에서 승부를 걸어 보는 게 가장 손쉬운 것이라 여겨졌다.

주도적으로 일을 하기 위해서는 지금까지 일을 바라보던 시각을 바꿔야 한다. 맡은 일을 성공시키기 위해서는 더 절박해야 만족할 만 한 결과를 만들 것이다. 이는 곧 회사에서 사장의 시각이다. 팀장이 라는 시각에서 벗어나 사장의 시각으로 일을 바라봐야 한다. 그렇다 면 지금 하고 있는 일이 내가 반드시 이루어내야 하는 일이 되고, 그 일에 최선을 다한다면 성장하고 발전할 것으로 믿었다.

'팀이 회사이다. 나는 사장이다. 사장의 시각으로 일하자.'가 필자의 일하는 태도로 자리 잡게 되었다.

경영자는 인풋과 아웃풋을 따진다

경영자는 회사 매출과 비용을 명확하게 따진다. 팀 운영에서도 비용에 해당하는 인풋(Input)과 매출에 해당하는 아웃풋(Output)을 명확하게 구분해 보아야 한다. 그러다 보니 팀 내에서도 인풋이 무엇이고 아웃풋이 무엇인지 따져 보게 되었다. 아웃풋이 시장에서 제대로 평가를 잘 받을 수 있을지도 자체적으로 평가하였다. 팀이라는 회사가 만들어 낸 아웃풋의 산출물은 얼마의 가치를 만들어 내고, 이를 구매하는 고객은 기꺼이 대금을 지불하고 만족하는지 객관적으로 유추하게 됐다. 단기성과뿐만 아니라 장기성과를 위해 동료 팀들 간의 시너지와 협력도 중요하게 보였다.

경영자는 어떤 어려움에서도 돌파하려는 절박감이 있다. 내가 맡은 팀이 내 회사라고 생각한다면 어려움이 닥치더라도 이겨내려는 절박감이 생긴다. 제대로 된 목표는 그냥 그대로 해서는 달성하기 힘들다. 그렇게 쉽게 이루어진다면 굳이 팀장이 있을 이유도 없다. 회사는 역할과 성과를 분명하게 하기 위해서 조직을 만들고, 이루어내도록 한다. 목표를 달성하기 위해서는 팀이 하는 일에 의미를 부여하고 주어진 기간 안에 반드시 이루어내겠다는 절박감이 있어야 가능하다. 일본 사쿠라 전기의 마쓰모토 겐이치 회장은 '경영자란 역경에서도 포기하지 않고 살아갈 길을 찾는 사람'이라고 했다. 포기하지 않고 끝까지 이겨내는 것이 사장의 자리이다.

일을 대하는 태도가 다르다

물론 팀장 노릇 하기도 어렵다. 상사와 팀원 간에 끼어 중간자 역할이 만만하지는 않다. 하지만 다시 회사 밖을 보자. 어떤 일을 하든지 회사 일과 관련되는 많은 협력업체가 있을 것이다. 그런 많은 회사들은 무엇을 고민할까? 많은 회사들이 살기 위해서 이익이 되는 매출을 올리기 위해 매진하고 있다. 돈 되는 일을 만들기 위해 혈안이 되어 있지 않은가? 하지만 시장에서 제품의 완성도와 차별화를 만들지 못하면 고객은 등을 돌린다. 회사의 CEO는 고객이 원하는 제품과 서비스를 제공하는 것에 온 힘을 기울인다. 회사는 외부고객에다가 내부고객도 신경 써야 한다. 내부고객인 구성원이 만족하는 환경을 제공하는 등 회사 운영의 여러 여건을 고민하는 것도 사장의 어깨를 무겁게 한다.

하지만 회사에 속한 팀장은 당장 팀원들 월급 줄 걱정도 없고 여타 부수적인 고민거리는 덜하지 않은가. 이미 주어진 팀 자원을 갖고 회사에서 요구하는 업무를 잘만 하면 된다. 실제 회사를 운영하는 것에 비해 팀 업무로 결과를 만들어내는 것은 상대적으로 간단하다. 업종에 따라 다르겠지만 통상적인 팀 인력 구성인 10명~30명 정도로 운영되는 회사들도 많지 않은가. 팀장도 경영자의 눈높이를 가져야 하는 이유이다. 내가 회사를 경영한다는 생각으로 팀을 운영한다면 일을 대하는 태도가 달라진다. 달라진 태도는 팀 운영에 몇 가지 긍정적인 영향을 미치게 된다.

첫째, 팀이 달성해야 하는 목표를 분명하게 한다.

계획단계에서 설정한 목표가 연말에 달성되었다고 가정했을 때, 평가를 잘 받을 수 있는지 자체점검을 해 보게 된다. 만일 목표를 달성하더라도 좋은 평가 받기가 어렵다면 목표를 잘못 설정한 것이다. 팀이 회사라면 회사 자체 실적은 달성했을지라도 고객으로부터 진정한 평가를 받지 못하는 것과 같다. 결국, 이런 회사는 고객한테서 멀어지게 되고 회사는 지속할 수 없게 될 것이다. 경영 마인드가 있는 팀장은 자발적으로 평가를 잘 받을 수 있는 수준까지 목표를 끌어올릴 것이다. 과거에는 단지 연초에 상사에게 목표를 승인받는 것에 중심을 두었다면 이제는 연말을 가정해서 그러한 성과가 객관적으로 인정받을 수 있는 수준인지 보게 된다. 즉 상사가 평가하기 전에 자체점검이 이루어진다는 것이다. 이렇게 설정된 목표는 팀원들과 강한 목표달성의 공감대를 만들어내게 될 것이다.

둘째, 팀장에게 주어진 모든 자원을 최대한 활용한다.

높은 목표는 기존대로 팀을 운영해서는 달성할 수 없을 것이다. 팀이 가용할 수 있는 자원을 최대한 활용해야 한다. 만일 주어진 자원으로 달성하기 힘들다면 다시 팀 업무에 따라 재할당하거나, 상위조직에 더 지원을 요청할 것인지 판단하게 된다. 필요하면 논리 있게 설명하여 인력과 투자비를 확보하려고 노력하게 될 것이다. 더 벌어오겠다는데 마다할 경영자가 있을까? 흘러가는 대로 두지 않고 팀이라는 회사를 경영하는 A부터 Z까지 챙기게 된다.

셋째, 팀원 업무 분장과 평가 룰을 명확하게 한다.

팀원들의 업무 분장을 더 세밀하게 할당하고 분명하게 한다. 회사라는 팀이 어디로 가고 있고, 어디까지 해야 하는지 조직운영을 투명하게 할 것이다. 팀원 각자는 무엇을 어떻게 하는 것이 팀에 도움이 되는지 알게 된다. 팀원들도 평가가 어떻게 이루어지는지 알고 업무를 하게 될 것이다. 경영자는 성과가 나오도록 업무 분장을 한다. 업무를 수행하는 데에 어려움이 예상되면 바로 감지가 되고, 대응이 가능하게 운영 체계를 만들어 작동시킬 것이다.

팀원들도 팀을 하나의 회사라고 생각하고 팀 경영에 공감한다면 지금과 다른 태도를 보일 것이다. 팀원들도 바로 사내 고객들로부터 평가를 받는다고 느끼기 때문에 역할과 책임의식이 달라진다. 진정 이렇게 생각한다면 업무를 주도하게 된다. 업무를 주도하는 사람이 높은 성과를 만들어 낼 수 있다. 팀장은 회사에서 'Minimum 역할'을 하고 있는지, 'Maximum 역할'을 하고 있는지 알아야 한다. 후자가 되는 팀을 만들어야 한다. 이는 곧 회사 성장과 함께 팀장 성장도 같이하게 된다.

팀장, 나는 대빵이다!

'대빵'이라는 말은 경상도에서 '대장', '가장 큰 것'을 일컫는 사투리다. 어느 자리든지 자신이 주인이고 대장이라는 생각으로 일을 바라보고, 의견을 내고, 회의를 이끌어야 한다.

어느 팀장은 의견을 낼 때 '남 이야기하듯이, 뭘 해야 하는지도 모르고, 유체 이탈된 것 같다'라고 평가받고 있다. 자기 일임에도 제삼자 입장에서 이야기하는 유형이다. 어떤 경우는 팀장이 되고도 실무 틀을 벗어나지 못한 사례도 있다. 리더의 생각과 말투가 온전하지 못하면 구성원들은 어떤 방향에서 일해야 하는지 우왕좌왕한다.

어제 지시한 것과 오늘 지시하는 내용이 다르면 구성원들은 어느 장단에 맞춰 일해야 하는지 헷갈린다. 이러한 지시가 반복되면 일 추진력은 약해진다. 내일 또다시 바뀔 수 있기 때문이다. 그런 지시가 팀장의 상사인 본부장으로부터 내려왔다면, 팀원들은 팀장 지시사항보다 본부장 의중을 알아보는 게 일을 더 빨리 추진할 수 있다고 느낀다. 만일 팀원이 이렇게 생각한다면 팀을 이끄는 팀장 리더십은 흔들리게 된다.

팀이라는 조직의 힘이 한 방향으로 똘똘 뭉쳐 가야 하는데 팀장 리더십에 대한 팀원 생각의 결이 다르면 온전하게 힘쓸 수가 없다.

팀장의 상사가 주관하는 회의라도 안건에 임하는 팀장의 마인드는 상사의 눈높이에서 일을 바라보고 의견을 낼 수 있어야 한다. 그들과 어깨를 나눌 정도가 되어야 바른 의견이 나온다. 큰 틀에서 볼 수 있는 시야가 있어야 전체를 관조하면서 의견을 낼 수 있다. 단지 자신의 조직에서 바라보고 의견을 내면 한쪽에 너무 치우친 의견이 될 수 있다. 팀장의 방향이 명확해야 구성원들의 방향도 명확해진다. 어느 자리든지 팀장 자신이 주인이고 대장이라는 생각으로 의견을 내고, 회의를 이끌고 업무를 추진해야 한다. 이러한 생각이 '대빵' 정신이다.

회사에서 팀장은 어떤 일이든 관여하게 된다. 실제 일의 결정은 팀장부터 시작이다. 내가 팀장이라는 것을 간과하면 안 된다. 중요한 회사 일도 이행단계에서는 팀장이 관여하게 되어있다. 결국에는 팀장이 실행하고 마무리하게 된다.

아무리 중요한 프로젝트라도 팀장이 관여하지 않은 일은 없을 정도다. 적어도 팀장은 회사 중요 결정사항에 직간접적으로 연결된다. 그래서 팀장은 회사의 중요한 의사결정에서도 그 속뜻을 알 수 있는 위치에 있다.

팀장은 회사에서 등뼈와 같은 존재이다. 손, 발이 되는 모든 구성원도 맡은 중요한 역할이 있지만, 팀장인 코어가 무너지면 전체가 흔들린다. 그래서 팀장은 팀장답게 고민하고 실행해야 회사의 업무를 제대로 할 수 있다.

대빵은 폼만 잡고 있어서는 지속하기 힘들다

업무를 할 때 어떤 생각을 지니고 업무에 임하는가? 상사가 시킨 일이니까, 상사가 이렇게 하라니까, 거기에 초점을 맞추어서 진행한다면 상사 눈높이에 맞추기 어렵다. 상사는 그러한 팀장에게 그 팀장만의 차별화된 인상을 갖지 못한다. 상사는 자신의 말에 빠르게 동조하는 팀장에게 한동안은 편안함을 느끼겠지만, 어느 순간 이성적으로 판단할 때는 진정 회사에 도움이 되는지 의문이 들 수 있다. 회사 일이 호락호락하지 않기 때문이다. 팀장은 일을 주도적으로 해야 한다. 일을 주도적으로 한다는 것은 어느 자리에서나 내가 대빵이라는 입장에서 일을 해야 가능하다. 대빵처럼 일하려면 준비해야 할 몇 가지가 있다.

첫째, 회사의 조직도를 뒤집어 나를 중심으로 다시 그려본다.

팀장인 자신의 위치를 조직도상에 제일 위에 올려놓고 다시 회사 조직도를 그려본다. 통상적인 회사 조직도상에서는 CEO가 제일 위에 있고, CEO로부터 팀장까지 라인이 그려져 있다. 팀장 입장에서는 3개 라인으로 연결되어 있다. 하나는 상사인 본부장에서 CEO로 올라가는 라인, 같은 본부장 밑에 동료 팀장 라인, 마지막은 해당 팀의 팀원 라인이다. 내가 대빵이 되는 조직도는 그 조직도에서 자신을 가장 높은 위치로 들어 올려 보는 것이다. 팀장인 자신이 제일 위에 위치하게 한다. 그러면 팀장 밑으로 3개 라인이 붙어 있다. 자신이 CEO 자리에 있는 거다. 그리고 조직도 라인 상에 3개의 큰 그룹이 만들어진다. 상사 조직, 동료 조직, 팀원 조직이다.

다음은 각 조직별로 팀장이 요구받는 것과 줄 것을 나열해 본다. 상사 그룹으로부터 어떤 도움을 받고, 그들의 요구사항은 무엇인지 파악해야 한다. 또한, 동료 그룹의 요구 사항과 내가 요구할 사항들이 분명해진다. 팀원 그룹은 팀장이 가장 직접적으로 영향력을 미치는 집단이다. 어떤 업무를 자신이 대빵인 상태에서 일을 바라보면 해야 할 일의 깊이와 폭이 달라진다. 상사 그룹과 동료 그룹은 엄중한 고객이요 후원자이자 파트너이다. 팀은 상사와 동료에 의해 일이라는 용역의 결과로 평가받고 성과 보상을 받는다. 준엄한 고객의 니즈를 염두에 두지 않고 일을 처리하는 어리석음은 저지르지 않게 된다.

둘째, 색깔을 분명하게 한다.

팀장은 팀장다운 색깔이 있어야 한다. 색깔은 자신의 주관과 관점이 분명해야 생긴다. 주관이 없다면 상대방의 기분과 기준만을 살피고 불안해할 수 있다. 이게 흔들리면 팀을 운영하는 데 위험할 수 있다. 색깔은 자기 주관이다. 주관은 일관성 있는 투명성을 만들어 낸다.

직장인의 스트레스 상위에 항상 올라오는 항목은 '변덕스러운 상사'이다. 상사도 사람이기에 어떤 날은 기분이 좋고, 어떤 날은 기분이 안 좋을 수 있다. 그렇다 보니 똑같은 결과물을 가지고 어떤 날은 그냥 넘어가도 어떤 날은 지적받을 수 있다. 상사의 변덕스러운 기질은 회사 생활을 힘들게 하는 가장 큰 스트레스라고 하는 이유가 여기에 있다. 변덕스러운 상사를 둔 직원은 부당한 대우를 줄기차게 받은 직원들보다 오히려 스트레스를 더 받는 것으로 연구된 바 있다. 기준을 세우지 못하고 오락가락하거나 했던 말을 자주 바꾸는 팀장과 함께 일하는 팀원들은 힘들다. 팀장은 팀원이 회사 생활에 어려움이 있다는 것을 알아야 한다.

대빵 정신이 있다면, 자신에게 주어진 일에 대한 자신만의 주관과 관점이 분명하여 일관성을 가질 수 있다. 상사의 객관적인 피드백이 아닌 반응에 일희일비하는 게 덜할 수 있다. 물론 어떤 일에 대해 방향성이 애매하면 상사와 상의하고 피드백 받는 것은 중요하다. 하지만 이것은 상사의 피드백을 고스란히 받는 것과는 완전히 다르다. 내 관점과 주관을 가지고 있을 때에만 의견 조율이 가능하다.

셋째, 지속적으로 일처리 소화력을 키운다.

일처리 소화력은 정확한 일의 방향성을 알고 성공적으로 마무리할 수 있는 능력이다. 상사로부터 지시받거나, 팀에 주어진 일을 할때 업무를 감당하거나 해결할 만한 능력이다. 대빵은 일의 소화력이 있어야 가능하다. 일을 충분히 소화해 낼 것으로 생각했는데 거기에 미치지 못한다면 상사는 팀장 그릇의 크기에 의문을 제기할 수 있다. 주어진 일을 소화할 수 있어야 대빵이라 할 수 있다. 어느 가수는 같은 곡이라도 그만의 곡으로 소화해서 노래한다. 원곡을 노래한 가수가 생각나지 않을 정도로 더 잘 노래를 불러 인기를 얻는 가수도 있다. 일도 마찬가지이다. 상사가 업무를 줄 때는 팀장 색깔에 맞게 소화할 것을 기대하고 지시한다. 상사 입장에서는 소화력이 좋은 팀장에게 의지할 수밖에 없다.

팀장은 상사의 지시사항을 정확하게 이해하고 방향성을 정해야 한다. 그 이후에 직접 하거나 팀원에게 지시한다. 어떤 일에 대해서는 일을 시작하기 전에 많은 고민이 필요한 경우도 있다. 숙성시켜야 제대로 맛을 내는 음식과 같다. 숙성이 필요한 상사의 지시사항도 있다. 잘 숙성되지 않은 것은 날것이 되거나 변질되기 마련이다. 숙성이 필요한 일은 처음에는 시간이 걸리고 더딜 수 있지만 그렇게 하는 것이 더 잘 소화시키는 방법이다. 시간이 걸리더라도 상사나 동료, 전문가에게 많은 의견을 듣고 시작해야 한다. 일도 급하게 서두른다고 잘 되는 것이 아니다. 어려운 의사결정 과정과 처리 경험이 쌓이면 소화력은 커진다.

전체에 이익이 되도록 해야 한다

팀장은 어느 자리이든 내가 대빵이라는 생각을 유지할 수 있다면 회의에서도 무슨 얘기를 하고 어떤 결과를 도출해야 할지 명확하게 보인다.

가끔 회의에서 볼 수 있는 풍경이 있다. 회의의 취지와 조직에서 가야 할 길은 분명한데, 어느 팀장은 줄기차게 부정적인 의견을 내는 경우를 본다. 부서 입장에서 일부분 어려움이 있지만, 전체 조직에는 보탬이 된다면 그 길로 가야 한다. 이런 경우에도 팀 입장만 주장한다면 어떻게 되겠는가? 큰 그림을 보고 의견을 제시해야 한다. 단지 그렇게 따라갔을 때 팀 업무에서 어떤 변화가 필요하고 힘든 일이 있다면 알리고 도움을 받을 필요는 있다.

하지만 상위조직이 더 큰 성과를 만들어 내는 일이라면 기꺼이 동의해야 한다. 상위조직의 성과를 팀의 성과보다 더 우선시해야 한다. 상사도 해당 부서의 어려움을 알고 있다. 이때 반대가 아니라 동의하되 어떤 도움을 상사에게 받을 것인지 상의하는 게 더 중요하다. 당장의 어려움을 피해가려고 하다가는 팀장 자체의 이미지만 나빠진다. 소탐대실할 수 있다.

팀장이 어떠한 태도를 취하는가에 따라 팀원들이 조직을 대하는 태도도 달라진다. 큰 그림을 보는 눈이 열리게 해야 한다. 이렇게 했을 때 개인보다는 팀이라는 조직이 우선시되는 문화가 만들어진다.

필자는 팀 회의를 주관할 때나 외부 회의에 참석할 때 한 가지 의식을 치른다. 먼저 나만이 볼 수 있도록 회의용 노트 첫머리에 '내가 대빵'이라고 쓰고 시작한다. 대빵이라는 위치에서 토의 주제를 보면 회의에 임하는 자세가 달라진다. 대빵 입장에서 객관적으로 본인의 의견을 낼 수 있다. 비록 사안에 따라 팀 입장에서 다른 의견을 낼 수 있지만, 이것도 전체 큰 그림에서 흐름에 맞는 의견을 내게 된다.

팀장은 회사 전체에 이익이 되는 방향으로 자세를 확실하게 잡아야 한다. 이것이 회사에서 받은 팀장이라는 미션을 제대로 수행하는 것이다. 팀장의 일에 대한 태도가 팀원이 일하는 태도에 영향을 미친다. 이제 모든 것은 내가 대빵이라는 생각으로 일해야만 고객을 정확하게 본다. 이것이 진정 회사를 위하는 길이 될 것이다.

데이터 야구,
팀에서도 필요하다

2020년 한국시리즈 우승을 달성한 NC다이노스의 핵심 경쟁력으로 데이터 야구가 지목되었다. 빅데이터 AI 기술이 데이터 야구의 핵심이다. 데이터 기반 기술력을 야구에 이식해서 경기기록, 데이터. 영상 등 자료를 분석해서 전력향상에 활용했다.

이제 팀에서도 팀 성과를 위해 데이터를 활용할 시기가 되었다. 팀원들의 성격 진단에서부터 팀원들의 360도 평가까지 팀 업무 성격에 맞게 접목해서 활용할 수 있는 데이터가 늘어나고 있다. 데이터를 바탕으로 담당 직무와의 적합성을 판정하기도 하고, 자신과 타인을 이해하고 살피기 위한 하나의 방법으로 활용될 수 있다.

팀장은 팀원들의 데이터를 기반으로 정교하고 세부적으로 직무를 할당하거나 원활한 소통을 위해 활용할 수 있다. 하지만 먼저 팀장은 자신의 데이터인 타율을 분석하여 팀의 운영에 적용하는 게 우선이다.

그렇다면 회사에서 팀장 타율은 무엇일까? 팀장 타율은 팀장 의견과 의사결정이 상사, 동료, 팀원들에게 영향을 미쳐 일이 바르게 진행되는 수준이라고 생각한다. 따라서 타율은 자신 의견이 상위조직 의사결정에 어느 정도로 영향을 미치고 있는지도 나타낸다. 자신의 평소 타율에 따라 어떤 의견을 어느 정도로 주장하는 게 맞는지 스스로 판단할 수 있다. 타율이 높다는 것은 평소 상사, 동료, 팀원들 간의 소통에 걸림돌이 없다는 것과 같다.

왜 리더는 안테나를 올리겠는가? 왜 사장이 말하면 그 말의 진심이 무엇인지 동료, 상사에게 다시 알아보겠는가? 이 모든 것은 자신의 타율을 높이기 위한 자연스러운 행동이다. 의외로 일을 하다 보면 이해가 되지 않게 주장하는 팀장이 있다. 팀장 자신의 타율이 얼마인지 인지하지 못 하고, 자신의 스타일대로 지속하는 경우를 본다.

자신의 타율을 모르고 팀을 이끌고 있다면 팀원에게도 나쁜 영향을 미친다. 팀원들은 팀장의 상사에게 보고할 때마다 팀장의 생각과 상사의 생각이 달라 애를 먹는 경우가 잦아지게 된다. 이런 환경에서 일을 배우는 팀원도 같은 무리로 취급당하는 안타까운 일이 발생한다. 일도 어려워지고 결과적으로 상사의 평가도 엉망이 된다.

타율을 알아야 무엇을 어떻게 더 잘할 건지 생각할 수 있고 해결책이 나온다. 현명한 팀장이 되려면 자기 점검이 우선이다.

자신이 말하는 것을 상사가 귀담아들을까? 사람은 귀가 열려있지만 실은 내가 듣고 싶은 것만 듣는다. 예를 들어, 골프장 쇼트 홀에서 캐디에게 거리를 몇 번 물어보는 상황을 자주 본다. 일반적으로 캐디는 쇼트 홀에 다다랐을 때 홀까지의 거리를 알려준다. 그때는 귀담아듣지 않는다. 심지어 첫 번째 티샷하러 올라간 플레이어가 물어

보고 알려주었는데도, 다음 플레이어도 티샷할 때 다시 묻는다. 왜 이런 현상이 나타날까? 자기의 관심이 다른 데 있을 때는 비록 소리가 있어도 인식하지 못한다.

상사에게 자신은 어떤 사람인가? 관심 있게 들으려는 사람에 들어가 있을까? 내가 말하는 내용이 중요한 건가? 자신은 보고라고 하지만 상사에게는 공허한 메아리에 불과할 수 있다. 누구든 자신의 현 위치를 제대로 점검하는 것이 우선이다.

현 위치를 냉철하게 보면 타율을 알 수 있다

상사의 피드백을 종합해 보면 자신의 타율을 가늠해 볼 수 있다. 예를 들어 상사에게 보고한 내용이 다른 수정사항 없이 통과된다면 타율이 높은 것이다. 수정사항이 반복적으로 많다면 타율이 낮다는 것이다. 또 상사로부터 "아직 이해를 못 했어!" "말귀를 못 알아듣네!"라는 소리를 듣는다면 심각한 것이다. 보고가 단번에 통과하지 못하면 왜 그런지 분석해 보아야 한다. 처음 지시사항을 잘못 들은 것인지, 아니면 보고 내용이 취약한지, 준비가 덜 된 것인지 알아차려야 한다. 이런 보고의 미비한 사항을 팀장이 사전에 왜 걸러내지 못한 것인지 파악해야 한다. 그냥 지나치면 다음 보고 시에도 반복될 것이다. 원인을 알아야 타율을 높일 수 있다. 좋지 못한 결과는 팀장뿐만 아니라 팀원에게도 고스란히 영향을 미친다. 타율이 낮은 일이 반복되면 팀원은 팀장에 대한 불신이 높아지고 일의 효율성은 급격하게 떨어진다.

많은 회사에서는 연말에 팀장에 대한 360도 다면 평가를 한다. 이 평가에서 팀장의 타율을 간접적으로 알 수 있다. 팀원들이 작성한 팀장 평가와 동료들이 작성한 팀장 평가도 있다. 360도 다면 평가든, 이와 유사한 형태의 평가 피드백은 그냥 한 번 스쳐 가는 피드백으로 여기지 말아야 한다. 자신의 어떤 면이 그렇게 작용했는지 자신을 점검할 수 있는 객관적 지표로 활용해야 한다.

인사이동 후에, 초반 타율이 나쁜 것은 차라리 좋게 써먹을 수 있다. 무엇을 보강하면 되는지 알 수 있는 기회가 된다. 초반에 이러한 타율을 보지 않고 가다가 연중에 알아차린다면 회복하기 힘들다. 이는 신병 사격 훈련 시 총을 쐈을 때 조준한 지점에 정확히 맞힐 수 있도록 영점을 잡는 과정인 '영점사격'에 지나지 않는다. 영점사격은 크게는 총기의 총열과 조준선을 정확히 일치시키는 작업이며, 작게는 개인마다 다른 시각을 갖고 있어 각자의 눈에 맞게 조정하는 것이다. 일반적으로 영점사격을 통해 탄착점을 확인해서 클릭으로 조정하여 오차를 보정하면 된다. 앞사람이 방금 사용한 총도 그대로 사격하면 여러 변수에 의해 표적을 맞힐 확률은 떨어진다. 자신에 맞게 바꿔야 한다. 회사에서도 상사에 따라, 환경에 따라 자신의 타율이 다를 수 있으니 조정해 주어야 한다.

일 타율도 사람마다 개별성이 강하다

야구에서 상대 투수에 따라 타율이 확연하게 차이 나는 것과 같이 상대하는 사람에 따라 타율이 다르다. 내 타율이 상사, 동료, 팀원에게는 어느 정도인지 스스로 파악해야 한다. "너 자신을 알라."라는 속담을 되새겨 볼 일이다. 타자가 투수의 구질을 알고 타격 연습하듯이, 회사에서도 상사 성향에 맞춰 타율을 올리는 방법을 찾아야 한다.

타율을 모르면 개선책이 나오지 않는다. 팀장이 자신의 리더십 수준을 모른 채 성과를 내기 위해 기존과 같은 방식으로 팀원들을 독려하고 계획을 짜는 것은 지반을 튼튼히 하지 않고 집을 짓는 것과 같다. 처음에는 집이 만들어지는 것 같지만 지속적으로 유지하기 힘들다. 튼튼한 기초를 바탕으로 팀 성과를 만들어야 지속력이 있다.

튼튼한 기초를 만들기 위해서는 스스로 타격 연습을 해야 한다. 팀장이 상사로부터 타율을 올리기 위해 타격 훈련을 받아야 한다면 최악이다. 스스로 타율을 높이기 위해 아이디어를 내고, 선제적으로 시도해야 한다. 상사가 주도권을 갖고 있으면 상사를 만족시키기는 어렵다. 팀장이 통제를 받고 지시에 따라가야 하기 때문이다. 통제하고 지시하는 상사는 자신이 생각하는 방향과 수준이 있기 때문이다. 따라가서는 그 수준을 넘기 힘들다.

타율을 올리기 위하여 자율적으로 훈련해야 할 기본적인 방법은 3가지로 요약할 수 있다.

첫째, 반면교사이다.

타율 나쁜 팀원이 하는 걸 보면 팀장이 어떻게 해야 하는지 보인다. 팀장은 팀원들을 평가한다. 팀장 자신은 어떤 팀원을 높게 평가하고 어떤 팀원을 낮게 평가하는가? 상사가 어떻게 평가할 것인지는 팀장인 자신이 팀원을 어떻게 평가하고 있는지를 되돌아보면 어느 정도 보인다.

상사가 어떤 팀장을 선호하겠는가? 상사와의 타율을 높이려면 내 구성원들이 어떻게 했을 때 '저 친구는 믿을만해, 일을 맡겨도 되겠어, 내가 관여하지 않아도 잘하겠네.'라고 여기는지 볼 필요가 있다. 이런 팀원은 회의에서나 보고할 때, 의견을 내고 주장하는 방식이 다를 것이다. 같은 방법으로 팀원이 아니라 동료 팀장도 관찰할 수 있다. 팀장이 팀원과 동료 팀장의 바람직한 모습을 보고 알아차린다면 자신도 상사에게 그전과 다른 모습을 보일 것이다.

▎ 둘째, 정체성 확립이다.

팀장이 제대로 된 팀장의 역할을 해야 한다는 것이다. 정체성이 명확하지 않으면 혼란을 가져온다. 복잡한 일일수록 뒤죽박죽이 되어 바람직한 역할을 못하게 된다. 특히 신임 팀장의 경우 새롭게 해 보려는 열정이 넘쳐 자신이 실무자인지 팀장인지 역할 구분을 못 하고 일을 하는 경우가 있다. 팀원일 때 높은 성과를 만들던 실무자가 신임 팀장이 되었을 때 가끔 나타난다. 회사 안팎의 기대 심리가 반영되어 잘해보겠다는 과도한 욕심이 문제를 낳는다. 이는 단체 달리기에서 팀장 혼자 떨어져서 앞서 나가는 것과 같다. 그런 팀장은 팀원들도 자기와 같은 생각으로 일해주기를 바라지만 팀원들은 어쩐지 자기의 마음 같지 않게 일한다. 이럴 땐 먼저 팀장은 자신의 정체성을 확인해야 한다. 팀장 정체성의 기본은 팀원에게 위임과 자율을 주는 것이다. 그러기 위해서는 팀장이 관여해야 할 일들과 팀원이 자율적으로 할 일을 분리해야만 한다. 어떤 일에 대해서는 구성원들이 더 타율 높게 일할 수 있다. 일일이 간섭하는 팀장의 역할은 여러모로 보아 시간 낭비일 뿐이다.

셋째, 피드백 시스템 만들기이다.

리더 자신이 피드백을 받을 수 있는 시스템을 만들어야 한다. 그래야 잘못되어가고 있는데도 팀장만 모르는 안타까운 상황을 방지할 수 있다. 피드백 받을 환경은 구성원들과 자유로운 소통이 선행되어야 가능하다. 의도적으로 이런 체계를 만들어 놓아야 한다.

상사에게 보고하거나 의견을 제시할 때 상사의 수용 여부와 피드백을 본다면 자신의 타율을 알 수 있다. 타율이 높다는 것은 팀장의 의견에 상사도 동의하고 생각을 같이하는 경우이다. 타율을 높이는 것이 곧 쉽게 일하는 방법이다. 타율이 높으면 반복되는 보고를 줄이고 의견 차이를 조율하는 데 쓰이는 시간의 낭비가 줄어서 그 에너지를 더 생산성 있게 활용하게 된다. 팀장도 타율이 높은 팀원에게 보상과 승진에 가점을 주지 않을까? 상사도 똑같이 생각한다.

상사를 얼마나 알고 있나?

　직장인들이 꼽는 가장 큰 스트레스가 '상사 스트레스'이다. 취업포털 인크루트가 직장인 1,206명을 대상으로 2019년 3월에 설문조사를 진행한 결과에 따르면, 직장인 91%가 퇴사를 고민했고, 퇴사를 고민한 끝에 실제로 퇴사한 직장인들은 '퇴사의 가장 결정적인 이유로 '상사·대표'(21%)를 1위로 꼽았다. 상사와의 관계 때문에 고민하고 결국 퇴사하는 경우가 가장 많았다고 볼 수 있다. '조직 분위기'와 '복리후생 및 기타 근무여건'이 각 13%, 연봉이 12%로 뒤를 이었다. 이처럼 주변에서 인간관계 때문에 퇴사를 고민하는 직장인들은 어렵지 않게 볼 수 있다.

　팀장은 본부장을 어려워한다. 아니 어떻게 보면 팀원-팀장 관계보다는 팀장-본부장 관계 의존성이 더 높다. 업무적으로 중요한 일일수록 연결 강도는 조직의 위쪽으로 갈수록 더 강하다. 상사는 조직의 모든 업무와 연결되어 있다. 업무가 중요할수록 상사 의견과 의도가 중요하다. 업무는 본부장으로부터 나오고, 본부장의 지시로 움직인다. 업무 결과의 평가도 본부장에 의해 평가된다. 팀장 인사평가도 상사 평가가 절대적이다. 팀장이 담당하는 팀원 평가 대상자 숫자보다 본부장이 평가하는 팀장 숫자가 적다. 이는 본부장이 팀장에 절대적 영향을 미친다는 의미이다. 아무리 정교한 객관적인 인사평가라도 상사 평가가 핵심이다. 승진이나 인사이동 등 회사에서 일어나는 모든 사안에 상사는 절대적인 역할을 한다. 이러한 상사를 파악하지 못하면서 상사와 같이 목표를 이루겠다는 것은 스스로 자신의 상자 안에서만 갇혀 일하는 것과 같다. 상사가 어떻게 일해주기를 바라는지 알아야 제대로 일할 수 있다.

사람이 다르듯이 리더십도 다르다

최근 들어 어떤 경제 현상을 설명하는 데 정통 경제학으로 해석이 어려운 경우가 상당히 많아지고 있다고 한다. 그래서 대안으로 등장한 것이 바로 행동 경제학이다. 정통 경제학에서는 사람들을 합리적이라 정의하고 논리를 풀어나가는 경우가 많지만 행동 경제학에서는 원래 사람들이 비합리적이라는 가정 아래에 사람들의 행동 패턴을 연구하는 데 보다 많은 시간을 쏟고 있다고 한다.

상사도 마찬가지이다. '리더'하면 떠오르는 정형화된 이미지가 있지만, 상사마다 행동 패턴이 다르다. 팀장은 대체로 리더라는 첫 무대에 올라왔기 때문에 일반적인 리더의 틀을 크게 벗어나서 본인 개성을 드러내는 것을 자제한다. 하지만 직위가 올라갈수록 각자 고유한 패턴은 달라지기 시작한다. 팀장의 상사는 상당히 개별성이 강하다. 당신의 상사도 마찬가지라고 보고 시작하는 게 편하다.

상사와의 관계가 잘 안 맞는 이유는 상사에 대한 고민이 부족하기 때문이다. 업무를 하다 보면 상사에 대해 일상적인, 단편적인 이슈에 대해서는 불평과 불만을 말할 수 있다. 그러나 이런 상황이 지속되거나 악화되면 결국에는 당사자만 어렵게 된다. 일반적으로 이런 상황을 벗어나기 위해서 당사자가 고민만 하지 실제 탈피하기 위해 실행에 옮기는 경우는 제한적인 것 같다. 관계 전환을 위해 적극적으로 노력하는 경우보다는 불만인 상태를 지속한다. 인사이동 시기까지 기다렸다가 다른 조직으로 이동하거나 상사가 이동하기를 바라는 경우도 있다. 하지만 이런 방법도 여의치 않다. 왜냐하면, 당장은 피할 수 있겠지만 장기적으로는 그 영역 내에서 머물게 되고, 다시 영향권 안에 있게 된다.

투수가 바뀌면 공략법도 바꿔야 한다

야구를 보자. 야구 경기 중에 투수가 바뀌었는데도 똑같은 방법으로 타자가 투수를 공략한다면 타율이 올라가겠는가? 투수가 바뀌면 바뀐 투구에 맞는 공략법으로 타석에 들어서야 한다. 상사와의 관계에 이상 징후가 나타나면, 상사와의 관계를 되돌아보아야 한다. 상사가 바뀌면 더 말할 이유가 없다. 그 사람에게 맞는 공략법으로 바꾸어야 한다.

타율이 높은 선수도 천적이 있다. LA 에인절스의 외야수 마이크 트라웃은 2020년 메이저리그 전체 선수 중 연봉왕이다. 그의 타율은 9시즌 동안 통산 타율 0.350이며 아메리칸리그 MVP를 3회 수상할 만큼 빅 타자이다. 하지만 트라웃은 류현진과 통산 맞대결에서 10타

수 무안타, 삼진 4개를 기록했다. 볼넷도 하나 얻지 못했다. 트라웃이 10번 이상 상대한 투수 가운데 안타든 볼넷이든 출루를 한 번도 허용하지 않은 투수는 류현진이 유일하다. 류현진은 트라웃의 천적인 셈이다. 상대성이 존재한다.

회사 조직에서도 상사와의 궁합이 중요하다. 평소에 일 잘한다고 평가를 받는 팀장도 상사가 바뀌면 헤매는 경우가 있다. 바뀐 상황에서도 같은 스윙으로 상사를 대하거나, 상사가 변하기를 바라는 것은 바보스럽다. 팀장이 그에 맞춰 변화해야 살아남는다. 상사의 업무 스타일이 다른 데 과거와 같은 업무 스타일로 대응해서는 상사 눈 밖에 날 수밖에 없다.

투수의 볼 배합과 공략법을 읽어내고, 투수의 특징을 빠르게 집어내야 하는데 이게 되지 않으니 똑같은 공략법으로 대응하면 연속으로 당한다. 타자가 투수의 구질에 따라 안타를 칠 수 있는 방법을 분석하듯이 상사를 일처럼 연구 대상으로 삼아, 파악하고 대처해야 한다. 야구에는 한 시즌에 맞이해야 할 투수가 많지만, 조직에서는 바로 직속 상사는 단 1명이지 않는가. 가장 많이 맞이하는 상대 선발투수가 바로 직속 상사이기 때문이다. 타석에 들어서면 투수가 어떤 공을 던질 것인지 예측할 수 있을 정도로 많은 데이터를 갖고 있다면 타격의 정확도를 올릴 수 있듯이, 팀장도 바로 직속 상사를 잘 알아야 일의 효율이 올라간다.

상사를 아는 것도 일이다

어차피 가야 할 길이라면 하루라도 빨리 가는 게 낫다. 지체할 이유가 없다. 더 빨리 갈 수 있는 길이 있음에도 비포장도로로 갈 필요는 없다. 상사를 알아야 일도 쉽게 풀린다. 상사를 아는 것도 업무를 수행하듯이 해야 알 수 있다.

첫째, 상사의 업무 스타일을 파악해야 한다.

상사의 성격과 경험에 따라 업무 스타일도 다르다. 심사숙고하여 결정하는 스타일이 있는가 하면, 먼저 일을 밀어붙이는 스타일이 있다. 중요한 일이 생겼을 때 다양하게 고민하는 것을 선호하는 상사가 있는 반면에 원인과 결과를 중요시하는 스타일도 있다. 이러한 스타일을 먼저 파악하는 것이 중요하다. 선호도에 맞게 대처하는 것이 팀장의 역할이다. 팀장이 선호하는 방법으로 대응한다면 퇴짜 맞기 쉽다.

상사 스타일이 자신과 맞지 않다고 불평하면서 계속 들이대는 팀장은 오래 같이 갈 수 없다. 그런 팀장의 태도가 도를 넘었다고 상사가 판단하면 상사는 팀장을 무시해버린다. 팀장을 통해 일을 시키는 것이 아니라 중요한 일은 직접 담당자에게 바로 맡기는 경우도 있다. 상사의 스타일에는 옳고 그름이 없을뿐더러 팀장이 판단할 문제가 아니다. 이왕 회사 생활하는 거 조금이라도 현명하게 하려면 상사의 업무 스타일에 맞추어야 한다.

상사를 새로 맞이한 경우에는 전에 있었던 조직에서 믿을 만한 동료에게 상사에 대한 피드백을 받는 것도 좋은 대안 중에 하나이다.

상사의 과거경험과 일처리방식, 선호하는 것과 싫어하는 것을 안다면 훨씬 편하게 상사에게 맞출 수 있다.

어떤 경우에는 상황이 될 때, 상사와 직접 소통해 보는 것도 좋다. 상사께 "이런 식의 보고 절차가 괜찮겠습니까?"라고 여쭈어 보는 방식이다. 상사도 이러한 이야기에 흡족해 할 것이다.

둘째, 보고나 회의 시 상사의 언어적, 비언어적 피드백 패턴을 알아내야 한다.

사람은 일정한 패턴이 있다. 긍정적일 때 패턴과 부정적일 때 패턴이 있다. 상사의 패턴을 파악한다면 일을 쉽게 할 수 있다. 필자가 근무한 회사의 어느 회장님은 브리핑이 마음에 안 들면 스마트폰을 보는 경우도 있었다. 말할 때 사용하는 단어, 표정, 질문 패턴을 보면 상사의 현재 상태, 관심 사항, 긍정 정도를 파악할 수 있다.

필자가 회의에 참석했을 때 '알았고', '됐고'를 자주 사용하는 상사가 있었다. 이렇게 말하는데도 보고서를 차근차근 읽어내려가는 팀장이 있다. 그러면 상사는 참지 못해 다시 감정을 표출한다. "그래서 결론이 뭐예요?", "그것만 하면 잘될 수 있습니까?" 이렇게 되면 상당히 불만족스러운 보고 자리가 된다.

온라인의 발달로 전자문서 보고가 점점 증가하고 있다. 특히 코로나로 인해 비대면으로 보고하거나 전자문서로 보고하는 일은 이제 당연한 절차로 자리매김이 되었다. 이때 단문 메시지나 SNS로 오는 피드백 내용에도 패턴이 있다. 상사가 수긍할 때, 반신반의할 때, 마음에 들지 않을 때 표현하는 피드백이 다르다.

상향 리더십도 필요하다

상향 리더십은 상사를 보좌하기보다는 보완하는 사람이 되는 것이다. 상사를 잘 모시는 것과는 다르다. 진정한 팔로워가 되어야 한다는 것이다. 그렇다고 항상 상사에게 맞추기만 하면 될까? 아니다. 결국에는 성과를 만들어 내야 하기에 상사가 제시한 방향의 수정이 필요하다면 바른 결정을 내릴 수 있도록 보완해주어야 한다. 업무 스타일을 맞추는 것과 업무 내용을 잘 보고하여 제대로 작동하게 하는 것은 엄연히 다르다. 상사의 관심사나 의도를 잘 파악하여 목표에 대한 방향을 일치시켜야 하는 것이 우선이다. 윗사람과 아랫사람이 목표를 일치시키면 일을 편하게 할 수 있다.

지시사항에 대해 수동적으로 실행하고, 업무 자체보다는 비위를 맞추는 역할에 역점을 두는 것을 보좌라고 한다면, 상사가 모자라거나 부족한 것을 능동적으로 사전에 대처하여 더 완결성 있게 일을 처리하게 돕는 것을 보완이라고 할 수 있다.

상사도 칭찬에 행복해 한다

칭찬을 싫어하는 사람은 아무도 없다. 반쯤 인사치레라는 것을 알면서도 기분이 나쁘지 않은 법이다. 권력자들이 가장 곁에 두고 싶어 하는 사람이 하나같이 칭찬을 세련되게 하는 사람들이다. 칭찬을 잘하려면 상대의 마음을 읽어야 한다. 자신이 내세우고 싶은 걸 알아봐 줄 때 고마워하고 기뻐한다. 팀원에게 하는 칭찬은 그렇게 어렵게 느껴지지 않는데, 아무래도 상사 칭찬은 어떻게 해야 하는지 어색함을 느끼는 경우가 많다. 칭찬에도 기술이 필요하다. 잘못하면 남의 비위를 맞추어 알랑거리는 아부로 비칠 수 있다. 칭찬하려는 의도는 같아도, 어떻게 전달하느냐에 따라 듣는 상사와 동료들이 느끼는 감정은 달라진다. 상사에게 평가하는 칭찬보다는 본인의 느낌을 표현하며 공감하는 칭찬이 바람직하다. 이렇게 하기 위해서는 구체적인 사실을 중심으로 해야 한다. 상사와 관련된 다른 사람의 이야기를 옮기는 것도 좋다.

칭찬은 모든 사람이 느끼는 공통적인 감정일 수밖에 없다. 실제 자신에 대해서 강한 자부심이 있는 사람일수록, 자신에 관하여 칭찬이 적어지면 자신도 모르게 왠지 불안해진다고 한다. 따라서 어떤 이슈에 대해 본부장의 발표가 있었던 후에 본부장이 팀장에게 "오늘 발표 어땠어요?"라고 의견을 물어본다면 칭찬이 필요한 것이다. 평소에 이러한 감정까지 읽을 수 있다면 상사의 관계도 좋아지기 마련이다. 따라서 팀장은 인정과 칭찬에 결코 어색해할 필요는 없다.

상사를 파악하여 효과적이고, 효율적으로 일을 처리하자. '상대를 알고 나를 알면 백전백승(百戰百勝)'이라는 글귀가 꼭 상대가 적이 아닌 상황에서도 적용된다. 상사와의 신속한 일처리는 팀 자원을 효율적으로 활용할 수 있을 뿐만 아니라 성과로써 인정받을 수 있는 지름길이다.

분야별 나의 롤모델을 두어라

팀장 대상 교육에서 "회사에서 당신의 롤모델이 누구입니까?"라는 질문에 어떤 팀장은 "회사에서 롤모델은 없습니다." "내가 배울 만하고 따라 하고픈 상사는 없습니다."라고 말했다. 언뜻 보면 그럴 수 있다. 모든 면에서 배울 만한 완벽한 롤모델을 찾기는 어려울 수 있다. 하지만 사람마다 특장점은 뭐라도 있기 마련이다.

작은 한 가지라도 닮고 싶은 게 있다면 그것을 롤모델로 삼는 것이 좋다. 예를 들어 회의에서 의견을 잘 내거나, 발표를 잘하거나, 태도가 좋은 그런 사람일 수 있다. 그 사람같이 하면 좋겠다는 분야별 롤모델을 정하면 따라 하게 된다. 쉬운 길을 두고 굳이 어렵게 갈 필요는 없다. 가까이에 롤모델을 두면 자주 눈여겨볼 수 있고, 닮고 싶은 것은 빠르게 배울 수 있다. 이게 가까이에서 특정 분야별로 롤모델을 두어야 하는 이유이다.

롤모델을 한 사람만 두면 닮고 싶은 영역이 제한적이고, 또한 마땅한 롤모델 찾기도 힘들다. 있다고 해도 특정 분야에는 잘하지만 다른 영역에서 기대치에 못 미쳐 실망할 수 있다. 이제는 영역별로 롤모델이 필요하다.

팀장에게는 다양한 영역의 역할이 요구된다. 팀장으로서 더 잘하고 싶은 분야가 있을 것이다. 개선하기 위해 롤모델이 필요함에도 잊고 지낸다. 좀 더 폭을 넓혀 어떤 영역을 보완하고 싶은지 스스로 점검이 필요하다. 관찰하면 어떤 분야는 누가 잘하는지 보인다. 그런 사람을 자신의 롤모델로 삼으면 된다. 특정 분야의 롤모델로 정하면 그의 행동과 말을 좀 더 깊게 보게 되고, 어느 시기가 지나면 본인도 그 사람을 따라 하게 된다. 롤모델을 따라 하면 그 일에 몰두하게 되고 바라는 모습이 되어 간다.

구체적이면 실행력이 좋아진다. 예를 들어, 위급상황 시 119에 구조를 요청해야 할 때 주위에 많은 사람들이 있어도 서로 미루어 '누군가 하겠지.' 할 때가 있다. 이때 구체적으로 가까이 있는 사람 중, "빨간 조끼 입은 청년이 전화 좀 해 주세요!"라고 말하면 지적받은 사람이 행동으로 옮길 확률이 높아진다고 한다. 이와 같이 분야별 롤모델을 명시적으로 정해 두면, 그 사람을 만나는 자리에서 해당 분야를 관찰하게 되고, 그때마다 그 사람의 말과 행동에서 배울 점을 발견하게 된다. 그 사람의 행동이 이해가 되지 않을 때도 왜 그 자리에서 그런 말과 행동을 했을까를 분석해 보게 되어, 그렇게 한 행위를 이해하고 자신을 가다듬을 수 있다.

롤모델을 탐색할 수 있는 방법은 다양하다

회사에서 팀장을 대상으로 10여 명을 선발하여 일 년간 국내외에서 교육받는 프로그램에 참가한 적이 있다. 이 프로그램은 회사 업무 영역별로 참가자를 선발하였다. 교육생은 전략, 재무, 인사, 홍보, 마케팅, 생산현장 등에서 다양한 직무를 수행했고, 다양한 경험을 가진 팀장들이었다. 선발된 팀장은 조직에서 빠져나와 1년간 교육생으로 활동할 수 있게 했다. 필자는 그때까지 연구원으로만 계속 일해 왔기 때문에 연구 분야 외에 다른 영역은 낯설게만 느꼈다. 다른 분야는 내가 할 수 있는 영역이 아니라고 여겼다.

교육과정에서 사업부서 팀장으로부터 많은 것을 배울 수 있었다. 참가자 중에는 필자가 근무한 연구원에서도 이미 평판이 자자한 사업부서 팀장도 있었다. 그런 팀장들과 가까이에서 같이 활동을 하다 보니 각자 다양한 특장점들이 보였고, 그런 팀장과 비교해서 내가 잘하는 것, 모자라는 것, 따라 하고 싶은 것이 보였다. 그들을 통해 자신을 더 잘 알고 배울 수 있는 자리가 되었다. 교육을 마무리하는 자리에서 일 년간의 소회를 이야기할 기회가 있었다. "지금까지 연구원으로서만 일해 와서 사업부서는 막연한 동경으로만 생각했었다. 이번 교육을 통해 내가 다른 영역을 맡는다 하더라도 한번 해 볼 수 있겠다는 자신감을 갖게 된 것이 가장 큰 수확이다."라고 말했다.

정말 그렇게 생각했다. 일에 대한 그 팀장들의 태도와 의견을 보면서 배우게 되었다. 교육 마무리 시점에는 '나도 하면 되겠다, 어떤 직무이든 할 수 있겠다.'라고 생각이 들었다. 이게 가장 큰 수확이었다. 아득하게만 여겨졌던 분야들이 교육과정에 함께 참가한 팀장들을 통해 어떤 일들이 일어나고, 어떤 마음을 갖고, 어떻게 하고 있는지 알 수 있었다. 교육과정 이후에 다른 분야에도 도전해 보고 싶었다. 마침 기회가 되어 1년 뒤에 연구원에서 사업부서로 이동했다. 기회가 있다면 다양한 영역의 사람들과 가까이에서 부대껴 보는 것이 좋다는 것을 실감했다. 이후에도 롤모델의 중요성을 깨닫고 사람들이 어떻게 하는지 관찰하고 닮고 싶은 것을 따라 하면서 성장하게 되었다.

도대체 유대인들은 왜 이리 노벨상 수상자들이 많을까?

어떤 사람이 친구에게 들은 이야기를 블로그에 올렸다. 그 사람의 친구는 해외 톱클래스 명문대에서 박사까지 했는데, 주변에 유대인들이 많았다고 한다. "그 친구들은 말이야, 자기 친척 혹은 조금만 건너면 노벨상 수상자들이 있더라고. 가족 모임에서 만나거나, 유대인 커뮤니티에서 너무 쉽게 만나는 거야. 그래서인지, '나라고 노벨상 못 타라는 법이 없지 않나?' 이런 생각이 깔려있더라고. 목표치 자체가 너무 달라, 노벨상이 불가능한 영역이 아니고 '어찌어찌 해보면 따라잡을 수 있는 목표'인 거지. '100% 못하는 목표'가 아니라, '99.9% 못하는 목표'인 거지. 하기야 반대로 생각하면, 목표달성 확률 0%와 목표달성 확률 0.1%는 하늘과 땅 차이잖아."라고 전해주었다.

한국 여자 골프의 롤모델인 박세리의 역할을 언급하지 않을 수 없다. 그녀의 높은 기여도를 아무리 강조해도 지나치지 않다. 그야말로 '불가능하다고 생각했던 것을 가능한 것으로 보여 준' 롤모델이다. 꿈조차 꾸지 못했던 것을 현실로 만들어 준 골퍼 선수다. 박세리가 우승컵을 들어 올리기 전에, 누가 한국 여성이 세계적인 골프대회에서 우승할 것이라고 상상하고 목표했을까? 하지만, 박세리 이후, 박세리 키즈들은 밥 먹듯이 LPGA 우승하는 걸 당연하게 보고 있다. 이제는 스포츠뿐만 아니라 음악, 영화 등 다양한 분야에서 롤모델이 있다.

어떤 분야든 롤모델의 역할은 매우 중요하다. "에이, 우리는 안돼!"라는 보편적 생각이 지배하는 분야에 누군가가 상상을 초월하는 성공을 거두면 많은 사람들이 자신감을 갖고 열정적으로 그 분야에 뛰어들게 된다.

롤모델도 두 가지가 있다고 생각한다. '큰 롤모델'과 '작은 롤모델'이다. 큰 롤모델은 한계를 극복하게 한다. 인간의 한계, 태생의 한계를 극복하게 한다. 작은 롤모델, 즉 분야별 롤모델은 구체적이고 손쉽게 따라 할 수 있다. 큰 롤모델이 가장 잘 나타나는 분야가 스포츠 분야이다. 스스로 극복하기 힘든 한계라고 여겼던 것을 롤모델을 통해 돌파할 수 있는 영역으로 인식하고, 그런 한계에 도전하는 후배들이 많아지게 된다. 작은 롤모델은 구체적이라 바로 실행할 수 있게 한다. 이제 롤모델로 실제적인 변화를 만들어가야 한다. 회사에서는 주위에 있는 작은 롤모델을 따라 해봄으로써 단계적 성장을 만들어 낼 수 있다.

사람은 쉽게 변하지 않는다. 다만 훌륭한 롤모델이 있다면 그것을 따라 하고픈 마음이 생긴다. 가까이에 롤모델이 있으면 매일 조금씩이라도 배우는 자리가 마련된다. 그러면 자신도 모르게 올바른 행동이 무엇인지 이미 알기 때문에 바람직한 모습이 나타난다. 완벽한 사람은 없다. 롤모델을 한 사람만 두지 말고 다양한 분야의 롤모델을 두어야 하는 이유이다.

자극의 바다로 내몰아라

다른 사람에 의해 변화를 요구받으면 자신 안에 방어 체계가 마련된다. 방어 체계는 상대 말에 대응하는 수비 방어막이다. 하지만 스스로 변화를 추구하면 이러한 장막 없이 올바른 사고 확장이 이루어진다.

자연스럽게 변화를 이루어내기 위해서는 그 근본이 되는 궁금증이 일어나야 한다. 어린 시절을 돌이켜 보자. 어릴 때는 모든 사물에 대해 궁금증이 일어났다. 보이는 모든 게 새롭고 신기하다. 모르는 것을 물어 알아내려고 한다. 이처럼 보고, 듣고, 느끼는 자극으로부터 호기심이 발동하고 그것에 대해 이것저것 알고 싶은 궁금증이 일어난다. 관점을 달리하면 새로운 것이 보인다. 가장 좋은 방법은 자신을 호기심이 발동되는 환경에 자주 노출시키는 것이다. 이러한 환경 변환을 스스로 만들어 내야 한다.

자극이 없으면 변화도 없다. "고추냉이 속에 붙어사는 벌레에게는 세상이 고추냉이다."라는 유대인 속담이 있다. 이를 정용진 신세계그룹 부회장은 "관습의 달콤함에 빠지면, 더 큰 세상에 나아가지 못하고, 자기가 사는 작은 세상만 갉아먹다 결국 쇠퇴함을 의미합니다."
라고 했다. 스스로 큰 세상을 보는 자극을 주지 않으면 자기도 모르
게 현실에 안주하게 되고 좁은 세상에 함몰될 수 있다. 상상하는 세
상만큼 그림을 그려낼 수 있다.

스스로 어떤 환경에서 자극이 활발하게 일어나는지 알고 그런 환
경을 자주 접해야 한다. 건전한 자극은 새로운 의욕과 시도를 만들
어 낸다. 자극이 없는 상태에는 일찍 일어나는 것도 힘들다. 스스로
동기부여가 될 때는 아침에 힘들이지 않고 일어난다. 자극이 될 때
일하는 것도 즐겁다. 건전한 자극이 생활 속에 꽉 들어차게 만들어
야 한다.

자극은 관점을 다르게 한다. 지금 하는 일에서도 줌인(Zoom-in)과
줌아웃(Zoom-out)으로 보게 하여 작은 변화뿐만 아니라 큰 변화도
감지하게 한다. 우물 안만 보는 게 아니고, 우물 밖의 생태환경을 보
게 한다.

이는 기존에 관행적으로 보던 관점에서 벗어나 다른 관점을 제공한
다. 자세히 보지 못하면 쉽사리 지나치기 쉬운 것도 줌인해서 보면 위
험 징후를 사전에 감지할 수 있다. 어떤 경우는 이슈 사항을 너무 지
엽적으로 해석해서 소홀히 대처할 수 있는 것도 줌아웃으로 전체 그
림을 보다 보면 다른 통찰력을 얻어 제대로 된 방향을 정하게 된다.

리더는 일을 줌인과 줌아웃으로 들여다보는 균형이 필요하다. 보
는 눈이 다르면 다른 의견이 나온다. 이러한 활동이 평소 지속된다면
사고의 습관이 달라진다. 다른 생각, 폭넓은 사고, 그릇의 크기가 달
라진다.

인간의 뇌도 자극이 필요하다

양은우 교수의 《워킹 브레인》에서 자극의 선순환 원리에 대해 다음과 같이 역설했다.

"인간의 뇌는 타인의 생각으로부터 자극을 받아 좋은 아이디어를 떠올리기도 한다. 이러한 특성을 '사물의 행동 유도성'이라고 한다. 다른 사람이 하는 말을 듣거나 행동하는 것을 보게 되면 우리의 뇌에서는 그와 연관된 사고가 떠오르고 새로운 아이디어를 떠올린다. 행동 유도성이 나타나면, 외부에서 받아들일 정보를 전전두엽으로도 보내고 그 정보들을 이용해 미래에 어떤 결과를 가져올 것인지를 예측하게 해준다. 이러한 인간 뇌의 특성으로 인해 서로 머리를 맞대고 논의하고 토론하게 되면 아이디어의 상승작용을 일으켜 더욱 좋은 아이디어를 도출할 수 있다."

또 자극은 익숙한 것으로부터 벗어나서 새로운 방법을 찾게 해 준다. 창의적인 사고가 필요한 경우에도 의도적인 자극이 필요하다. 그의 글에서도 창의적인 생각을 지니기 위해 자극이 중요함을 주장한다. "창의력이란 뇌에서 기존에 사용하지 않던 새로운 신경회로가 결합될 때의 산물이다. 새로운 회로가 결합되기 위해서는 일상적인 것과는 다른 새로운 자극이 필요하다. 새로운 자극이 없으면 뇌는 기존에 늘 사용하던 회로만 사용하려고 한다. 일처리는 빨라질 수 있으나 '기계적'으로 일하는 오류에 빠질 수 있다. 기계적으로 일한다는 것은 사고하지 않는다는 것이고 창의적인 생각을 떠올릴 수 없다는 것과 다름없다."라고 한다.

어떤 대상으로부터 자극을 받는가?

사람마다 자극을 받는 대상과 방법은 다양할 수 있다. 각자 어떤 장소 어떤 행위를 할 때 즐거운 자극이 되는지 알아야 한다. 즐거운 자극이 되어야 지속성이 있다. 처음에는 어색하지만 반복하면 습관이 된다. 건강한 자극과 스트레스 자극을 분리해야 한다. 건강한 자극은 삶에 희망을 주고, '다시 해 보자'라는 의욕을 불러일으킨다. 건강한 자극의 환경에 자주 노출되게 해야 하는 이유이다. 필자가 주로 활용하는 몇 가지 방법이 있다.

첫째, 책 읽기이다.

책 읽기는 새로운 생각을 가능하게 한다. 또한, 시야와 안목을 넓히고 새로운 기회를 잡을 수 있는 크고 작은 단초를 제공한다. 이는 뇌의 최대 기능인 사고의 영역을 확장시키기 때문이다. 더욱이 새로운 책을 읽는다는 것은 세상 변화에 맞춰 자신을 바꿔나가는 방법이기도 하다. 새로운 정보와 지식에 자신을 노출시키는 것은 지적 자극을 받는 행위이다.

누구에게나 일상의 상당한 부분은 반복적인 일로 이루어진다. 따라서 자칫하면 지루하고 기계적인 삶이 될 수 있다. 다양한 배경을 가진 저자들이 쏟아내는 책을 읽는다는 것은 제한된 시공간에서 간접체험을 통해 넓은 세상을 볼 수 있게 한다. 이는 일상에서 즐거운 리듬감을 불어넣어 주고 유익함을 더하게 한다.

둘째, 토론이다.

미국의 유명 사립대학인 세인트존슨 대학교는 졸업 때까지 시대순으로 100권의 고전 책을 읽고 토론해야 졸업을 시켜준다고 한다. 토론을 하면 궁금증이 계속 생긴다. 말을 하면 또 다른 게 보인다. 그래서 "왜"라는 질문을 계속하게 만든다. 말하면서 새로운 것이 떠오르고, 다른 사람의 말속에서 자신도 다른 생각이 나기도 한다. 생각이 끊이지 않는 것이 토론의 핵심이다. 토론은 자신에게 끊임없이 질문하고 그 해답을 찾아가는 과정이다. 사고의 지평을 넓혀준다. 문제가 갖는 복잡함이나 다양한 접근법을 보여주어 생각의 폭을 확장시킨다.

상대방의 말을 툭툭 끊으면서 자신의 논리를 펴나가는 데 급급하면 얻는 것이 없다. 이는 듣는 사람들의 생각도 자르게 되고 토론을 정체시킨다. 상대방의 논리를 인정하지 않고 모든 논리를 깨야 한다는 강박을 보여서는 자신의 사고의 틀을 벗어나기 어렵다. 경청하지 않으면 효과적인 추가 질문도 하지 못한다. 토론은 이기기 위해 하는 것이 아니라 더 나은 길을 모색하기 위해 하는 것이다. 토론에서 이기는 길은 내 주장을 상대방에게 주입시키는 것이 아니라 상대방의 논리를 받아들여 내 주장을 더 견고하게 하는 것이다. 토론의 마무리에 참여자들이 상대방의 주장 중에 무엇을 받아들였는지를 밝히는 시간도 의미가 있다.

│ 셋째. 궁금증 해소하기다.

유튜브, 블로그, 카페, 검색을 통해 궁금증을 해소하라. 유튜브는
이제 떼려야 뗄 수 없는 정보의 원천이다. 무엇을 모르고, 무엇을 알
려고 하는지만 알아도 포털이든 유튜브에서 상세하게 찾을 수 있다.
단지 뭐가 궁금한지 알면 된다. 자료를 찾고, 영상을 보거나 들으면
서 다시 자극을 받는다. 관련되는 유사한 내용을 들으면, 색다른 생
각이 떠오른다. 사람의 뇌는 그렇게 작동하도록 만들어져 있다. 블로
그에 태그를 걸어두면 새로운 내용이 올라올 때 즉시 알 수 있다.

배움의 끈을 놓는 순간 생산적인 활동도 같이 멈추게 된다. 배움
이란 끊임없는 탐구의 과정이다. 건강한 자극을 받을 수 있는 환경을
구축하고, 자주 그런 환경에 머물러야 배울 수 있다.

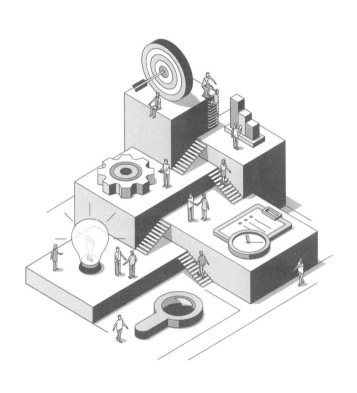

제**3**장

빌드업 리더십 I

조직

"조직을 다룰 줄 알아야
성과를 낸다"

조직문화는
리더의 의사결정 방식에서 나온다

리더는 자신이 몸담은 조직에 커다란 영향을 미친다. 같은 상사 밑에서 몇 년 동안 함께 일하면 팀원들은 상사의 강점뿐만 아니라 약점까지 따르는 경향이 있다.

필자가 커피숍에 있는데, 팀장들로 보이는 사람들이 잡담을 나누고 있었다. 그중 한 팀장이 오늘 상사에게 깨졌다고 투덜대었다. 이유는 팀원이 상사의 지시사항을 정확하게 알지 못하고, 다르게 보고했다고 한다. 팀장도 미처 보고서를 검토하지 못하고 상사에게 보고하러 팀원을 들여보낸 것 같았다.

"내가 잠시라도 그냥 두면 제대로 하는 게 없어, 내가 꼭 관여해야 일이 돌아간단 말이야."라고 불평한다. 듣고 있는 필자는 누워서 침 뱉기라는 생각이 들었다. 팀원이 그렇게 되기까지는 팀장의 평소 의사결정 과정에서 그렇게 보였기 때문이다. 팀원의 업무처리 방식은 팀장이 평소 생각하고 행동하고 결론 내리는 팀장 의사결정 방식의 결과물이기 때문이다.

회사는 사장이 말하는 대로 굴러간다. 사장의 말에는 회사가 가야 할 경영원칙과 사고방식이 담겨있다. 이는 조직의 방향과 분위기를 결정한다. 창업자가 있는 조직문화는 창업자의 철학으로부터 형성된다. 창업자는 회사 운영에 자신의 신념, 이념, 비전, 가치관 등이 녹아들게 한다.

현대·삼성의 조직문화에도 이러한 요소들이 강하게 들어가 있다. 현대는 행동을 중시하고, 삼성은 관리를 중시한다. 정주영 회장은 두둑한 배짱과 투박한 성격을 지니고 있다. 행동을 중시하며, 맞다고 생각하면 불도저같이 밀어붙이고 정복하여 끝내 목표를 이루어내는 경영 스타일이다. 이병철 회장은 섬세하고 깔끔하여 매사에 철두철미하고 완벽을 기하는 성격이라고 한다. 새로운 사업을 시작하기 전에 철저한 시장조사와 예측을 한 후에 빈틈없이 진행하는 경영 스타일이다. 이러한 기업 창업주의 생각과 행동이 기업문화로 정착하게 되고 회사의 의사결정 과정에도 녹아들게 된다.

팀원에게 팀장은 롤모델이다. 팀장의 의사결정 과정과 의사결정에서 사용하는 잣대는 팀원이 그대로 따라 한다. 팀원 입장에서는 팀장이 자신의 미래 모습이다. 그렇기 때문에 어떤 팀장이 상사에게 엄청난 스트레스를 받고 있는 경우라면, 팀원에게 나쁜 영향을 미치게 된다. 팀원들에게 팀장은 장래 자신의 모습인데, 앞으로 10년 후에 자신도 현재 팀장의 모습이 될지도 모른다는 생각에 이직이나 퇴사를 고민하는 팀원도 발생하기도 한다.

따라서 팀장의 일거수일투족은 팀원에게 큰 영향을 미치게 된다. 팀장은 혼자가 아니라 팀원들이 바라보고 있다는 사실을 명심하고 행동해야 한다.

문화는 어떻게 만들어지는가?

　회사에서 사장의 의사결정 방법이나 형식이 그 회사의 문화가 된다고 생각한다. 회사 문화에 가장 크게 영향을 주는 사람은 사장이다. 사장이 만들어 왔던 의사결정 방식이 회사 문화에 가장 크게 녹아있다. 회사가 그룹에 소속되어 있다면 그룹을 이끄는 회장의 의사결정 방식이 그룹 문화가 되고 회사에 영향을 준다. 의사결정 과정에는 회사의 추구 가치와 신념, 이념, 규범, 전통 등 종합적인 체계가 들어가 있다. 이러한 것들이 누적되어 한 조직의 문화가 된다.

　팀 문화는 팀을 둘러싼 상위조직의 문화와 팀장의 의사결정 과정에서 드러내는 방식이 녹아서 팀 문화가 된다.

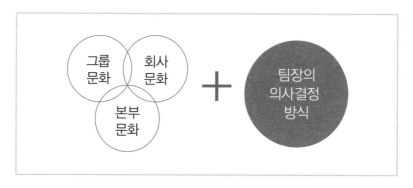

팀 문화

　창업자나 사장의 문화가 회사 문화라고 한다면, 팀 내는 팀장의 영향력이 담긴 문화이다. 각 조직은 조직장의 의사결정 과정에서 문화가 발현된다. 본부장의 의사결정은 본부 문화가 된다. 사장의 의사결정은 회사 문화가 된다. 대부분 팀 내에서 이뤄지는 것은 팀장의 문화와 본부 문화가 연결되어 있다. 따라서 팀원의 의사결정의 판단 근거는 팀장, 본부장, 또는 더 상위자의 의사결정 과정에서 발현된 문화의 결정체이다. 물론 개인의 업무 스타일에 따라 다르게 나타날 수도 있지만, 그 바탕에는 조직의 문화가 있다.

일반적으로 기업문화를 담당하는 부서는 인사부서이다. 그래서 인사부서가 조직문화를 만든다고 생각하는 사람들이 있다. 하지만 근본을 따라가 보면 결국에는 조직 의사결정 최상위자로부터 내려온다. 인사부서는 담당만 할 뿐이다. 예를 들어, 인사부서에서 교육을 통해 문화를 바꾸려고 시도할 수 있다. 단기간에는 그렇게 바뀌는 것처럼 보인다. 그러나 조직 리더의 의사결정 과정과 다르다면 얼마 지나지 않아 다시 원래대로 돌아온다. 교육의 방향대로 가는 듯하지만 금세 교육의 효과는 흐려진다. 교육도 결국에는 조직의 최상위자의 방향과 일치할 때 지속되고 뿌리 내린다. 문화의 시작은 리더가 갖고 있다. 그 문화가 녹아내려 구성원 각자의 행동에 나타날 뿐이다. 다시 말하지만, 리더가 문화를 바꾸고 만든다. 조직문화는 인사부서에 없다.

팀장만 바뀌어도 팀에는 다른 문화가 만들어진다. 만일 팀장이 바뀌었다고 가정해 보자. 팀장이 바뀌기 전과 이후, 팀 문화에 어떤 변화가 있는지 설문해 보면, 변화를 읽을 수 있다. 이는 팀장의 교체로 새로운 일처리 방법과 회의·보고하는 문화가 변했기 때문이다. 문화를 바꾸려고 바꾼 게 아니라 팀장의 의사결정 과정과 일처리 스타일이 그렇게 만든다. 이런 변화가 있으면 당연히 업무 성과도 달라진다.

협조가 필요한 일이 있어 다른 팀에 의견을 요청하면 팀마다 확연하게 응답 속도와 의사결정 방식이 다름을 느낄 수 있다. 어떤 팀은 의사결정이 빠르고 명쾌하게 답변을 주지만, 어떤 팀은 팀원이 결정할 수 있는 것도 하지 않고, 팀장 눈치를 보고 차일피일 미루는 경우도 있다. 이게 바로 다른 사람이 보는 그 팀의 문화가 된다. 팀을 둘러싼 문화를 보려면 업무 연계성이 많은 다른 팀원의 의견을 들어보면 금방 알 수 있다. 이러한 것을 해당 팀장은 모르는 경우가 많다.

팀의 문화는 그 조직에서 매일 이루어지고 있는 일처리에 녹아 있다. 팀원은 평소 팀장의 의사결정 방법으로부터 배운다. 따라서 팀장의 의사결정은 모든 팀원이 의사결정을 하는 일에 바탕이 되고 본보기가 된다. 팀원이 의사결정을 잘못했다는 것은 평소 팀장의 의사결정 방식이 그런 결과를 가져왔다고 봐야 한다. 팀원은 팀장을 따라한다.

회의는 조직문화를 만드는 핵심이다

회의에 참석한 리더의 역할과 행동은 구체적이어야 한다. 회의는 리더와 팔로워가 함께 한자리에 모여 의사결정을 내리는 것이다. 그러기에 회의를 하면 그 진행 과정에 리더의 가치관, 일의 우선순위, 사고의 밑바닥이 드러나게 된다. 이게 해당 조직의 일하는 방식의 구체적인 잣대 기준이 된다. 결국, 이러한 잣대 기준은 의사결정의 기준점을 제시하고 영향을 미친다. 이보다 더 정확하게 문화를 만드는 것이 있겠는가?

회의를 통해 리더십 스타일, 리더의 존재가치 그리고 영향력까지 그대로 팀에 반영된다. 예를 들어, 어떤 업무는 단기성과보다는 장기 성과를 중요시하고, 원칙에 맞게 업무 하는 것이 더 중요하다고 했을 때, 이를 회의를 통해 팀장이 그렇게 우선순위를 둔다면 회의에 참여한 팀원들도 이러한 우선순위를 알고, 팀원이 스스로 결정하는 일에서 적용된다. 팀장의 의사결정 과정은 보이는 일에서 작용할 뿐만 아니라 보이지 않은 일처리에도 파급된다. 조직장의 의사결정 방식이 그 조직문화의 기준점이 된다.

팀에는 머리의 역할이 있어야 한다

　축구에서는 골을 넣어야 이긴다. 축구에서 수비, 허리, 공격이 있는데 머리가 없다는 것은 공격이 없다는 것이다. 수비가 튼튼하면 골은 안 먹을 수 있지만, 공격으로 인한 진정한 승리는 어렵다. 회사에서도 하라는 일만 해서 뛰어난 성과를 내는 일이 있을까? 일정 기간에는 편할 수 있겠지만 경쟁에는 뒤처지게 된다. 업무에서는 관행적 일처리가 아닌 고민하고 개선하려고 머리 쓴 일이 결국에는 더 큰 성과를 만들어 낸다.

　항상 하던 일이라도 왜 이렇게 해야 하는지 고민이 필요하다. 더 좋은 방법은 없는지 기존의 방법이 최선인지 고민해야 한다. 기존 방식에 한계가 있다면 그 한계의 벽을 돌파할 수 있는 방도를 찾아야 한다.

　팀장은 팀이 회사에 기여해야 할 역할을 구체화해야 한다. 구체화된 방향에 맞게 목표를 달성하기 위해서는 업무처리 방법도 다르게 할 필요가 있다. 기술의 진보로 과거와 같은 방법으로 잘하기에는 한계가 있다. 전임자가 했던 방식이거나 관행적으로 하던 방식은 다시 점검해야 한다. 변화가 필요하다면 다르게 할 수 있는 방법을 고민하고, 개선점을 찾아야 한다. 그래야 벽을 넘어설 수 있다.

이런 한계를 극복하기 위해서는 철저하게 관찰하고 분석하여 시도해 보는 머리의 역할이 있어야 가능하다. 팀 내에서도 머리 역할을 할 팀원을 명시적으로 정해야 한다. 팀원뿐만 아니라 팀장 자신이 머리에 해당하는 일을 해야 함은 당연하다. 팀장은 팀원이 해야 할 일 속에 갇혀 같이 부대껴 있어서는 안 된다. 팀장은 팀장이 해야 할 일을 찾아서 해야 제대로 된 성과를 기대할 수 있다. 그래야 팀이 진보한다. 현재 일 속에서 반걸음 더 앞을 내다보고 고민하는 이가 바로 팀장이어야 하기 때문이다. 현장조직이라도 본사에서 시키는 일만 잘하면 된다는 인식에서 빠져나와야 한다.

상사는 항상 더 높은 성과를 원한다

팀장 배치 시 상사는 무엇을 염두에 두었을까? 다양한 이유가 있겠지만 분명한 것은 상사는 지금까지 그 팀의 기존 일처리 방식에서 뭔가 변하기를 바랄 것이다. 선임된 팀장이 업무를 다시 보고 팀장 색깔에 맞게 업무에 적용하여 잘한 것은 지속하되 개선할 것은 다르게 이끌어 줄 것을 요구하는 것이다.

새로 맡은 팀이 전년도에 높은 성과를 달성한 팀일 수 있다. 그렇더라도 상사는 전년도에 이루어낸 성과 정도로 만족할까? 일을 맡은 팀장도 그런 정도로 만족할 수 있을까? 그저 그런 팀장이 되고 싶지 않다면 만족하지 못할 것이다. 전임 팀장이 일했을 때와 신임 팀장이 일했을 때 변화나 발전을 줄 수 없다면 왜 상사는 다른 팀장에게 업무를 맡겼을까를 되돌아봐야 한다. 상사는 같은 수준을 원하지 않는다. 조직이 기대하는 수준과 현실 사이의 벽을 돌파하려면 머리를 써서 다르게 접근해야 한다.

일은 열심히 하는 것 같은데 성과는 드러나지 않고, 상사조차도 해당 조직이 요즘 뭐 하는지 모를 정도인 팀도 있다. 이런 식으로 외부에 보이는 것은 전적으로 팀장 본인에게 문제가 있다. 팀에서 머리 역할이 없다면 이런 일이 발생한다. 조직의 방향성을 세우고 환경 변화를 읽어 전략을 갖고 움직이는 팀이 되어야 한다.

본질적으로 팀의 존재 이유를 명확하게 해 둘 필요가 있다. 같은 일을 하더라도 팀이 회사에 기여할 수 있도록 업무를 추진해야 한다. 기존 팀 미션을 하는 그룹을 '수비조'라 하고 머리 역할 하는 그룹을 '공격조'라 한다면, 팀에는 반드시 공격조가 필요하다. 하지만 공격에 너무 많은 자원을 할당하여 수비에 구멍이 생기면 최악의 상태가 된다. 수비를 잘해 골을 먹지 않는 게 우선이며, 그다음 공격을 통한 골까지 넣는다면 최상이 되는 것이다.

팀 운영에서 주의해야 할 것은 '수비조'와 '공격조', 이 두 그룹을 똑같이 대해야 한다. 팀장이 어느 한쪽에 치우치지 않는 균형 잡힌 운영을 해야 한다. 한쪽에 치우치면 결국에는 상호 정보 교환이 어렵게 되고, 어느 한쪽은 상대적으로 불이익을 받고 있다고 느끼게 된다.

팀원도 머리를 쓰게 해야 한다

의도적으로 이런 고민을 하지 않으면 팀원들은 평소 자신의 일 속에 파묻혀 일의 큰 그림을 생각할 수 없다. 팀원은 일로써 배운다. 수비하는 팀원에게도 공격조의 기회를 제공해야 한다. 사업 환경은 빠르게 변한다. 머리를 쓰지 않으면 퇴보될 수 있는 환경이다. 앞으로 상시적인 일처리는 4차 산업이 만들어 내는 시스템으로 대체될 것이다. 앞으로 업무 중에 머리 쓰고, 고객과 공감하는 것들이 차별화를 만들어 낼 것이다.

팀장은 팀원들이 같은 일을 하더라도 머리를 써서 일을 다루는 방법을 경험하게 해야 한다. 이는 곧 팀원들의 성장을 돕는 길이다. 머리를 써야 새로운 일처리 방법이 보이기 때문이다.

창의성은 새로운 일뿐만 아니라 기존의 업무에서도 필요하다. 창의성은 개인의 머리에서 나온다. 팀 성과는 팀원의 업무처리 밑바닥에서 변화가 일어나야 가능하다.

숙련가와 전문가는 다르다. 지금까지는 팀원들을 숙련가로 만들 것인가 현장 전문가로 만들 것인가는 업무에 따라 선택의 문제였다. 하지만 이제 현장도 전문가다운 일을 하는 조직으로 만들어야 한다.

회사에는 본사 일이 있고, 현장 일이 있다. 본사 일은 당연히 머리를 쓰는 일들이 많다. 또한, 머리를 써야 하는 일이 주어진다. 그러나 현장은 반복적인 일이 많다. 그렇다고 해서 현장 일을 하는 팀원들이 반복적인 일의 숙련도를 높이는 것에만 집중하면 될까? 필자는 아니라고 생각한다. 곧 이러한 틀에 박힌 일들은 4차 산업이 만들어 내는 결과물에 자리를 양보하게 될 것이다. 그런 날이 오기 전에 팀장은 그들을 전문가로 탈바꿈시켜야 한다.

같은 일을 반복하는 현장이라도 매너리즘에 빠지지 않도록 만들어야 한다. 이렇게 하려면 같은 일도 머리를 쓰는 일이 있게 변경해야 한다. 큰 회사에는 비슷한 일을 하는 조직이 많을 수 있다. 여러 현장조직 중에 평가를 잘 받는 현장조직 팀은 어떻게 일하는 조직일까? 바로 생각을 하고 일하는 조직이다. 유사한 성과를 냈어도, 어느 조직은 10시간 일해야 처리할 수 있는 일을 어느 조직은 5시간 만에 처리할 수 있는 일로 만들었다면 '질'이 다른 것이다.

질적인 측면에서 차별화는 기존의 드러나는 성과보다 더 크게 팀 평가를 받게 한다. 이렇게 하려면 팀원들이 전문가적인 일을 할 수 있도록 환경을 만들어 주어야 가능하다. 전문가는 경험의 기간보다 경험의 질에 좌우된다. '얼마나 오래 이 일을 했는가?' 보다 '얼마나 깊이 있게 했는가?'가 중요하다.

고민은 새로운 관점을 만들어 낸다

필자가 사업부서 팀장으로 발령받아 이동전화 교환기 운용팀을 맡아 일할 때이다. 운용팀은 이동전화 통화가 잘되게 시스템을 안정적으로 운용하는 것이 미션이다. 이 미션을 달성하기 위해서는 꼼꼼하게 시스템을 점검하고, 감시하고, 조치하는 것이 주된 업무이다. 이는 현장에서 기계를 매일 닦고, 조이고, 기름 쳐서 늘 잘 작동하게 하는 일이다. 하지만 이렇게 하여 운용을 잘하는 것이 기본이지만,

더 안정적으로 운용을 하기 위해서는 고장이 나지 않게 하는 예방 활동이 보다 중요하다고 생각했다. 예방 활동도 근본적인 원인을 찾아 문제의 뿌리를 제거하는 활동이 뒤따라야 한다고 생각했다.

"왜 이런 일을 현장 운용팀이 하는가?"라고 질문할 수 있다. 왜냐하면, 회사 조직도상에는 본사도 있고, 연구소도 있기 때문이다. 그렇지만 본사와 연구소에서는 그런 일이 우선순위에서 밀려 다뤄지지 못하고 있었다. 그들은 그들 나름대로 신규 장비를 도입하거나 당면 현안에 파묻혀 현장의 일은 그들 업무에서 우선순위가 낮았다.

현장 일은 현장에 있는 사람들이 가장 잘 알고 있다. 문제 분석을 하려면 현장에 있는 사람들이 현상 파악을 해 주어야 한다. 현장에서 이런 일에 많은 자원을 투입할 수 없지만, 팀 업무를 조정하여 15% 정도의 팀 인력을 예방 활동에 투입했다. 이게 머리 쓰는 일이요, 공격하는 일이라 생각했다.

처음에는 무엇을 어떻게 해야 할지 일의 방향성 잡는 데 시간이 걸렸다. 현장에서는 시스템 자체가 문제라고 판단된다면 제조사에 알려주는 것으로 할 일을 다 했다고 생각했다. 현장은 현장대로 더 문제를 파고 들어가기에도 힘들고 매일 일상적 일처리를 하기에도 바빴다. 이렇게 하는 것을 당연하게 여기던 문화였다. 하지만 이런 방식으로는 한계가 보였다. 팀원들이 일을 통해 배울 수 있는 것도 제한적이었다. 돌파구를 마련하기 위해 팀원들과 더 적극적으로 문제가 무엇인지 진단하고 고민하기 시작했다. 몇 주가 지난 뒤부터는 고민하고 있는 문제를 한두 개씩 토론하는 자리에 올려놓기 시작했다. 비록 처음에는 해 보지 않은 일이라 더뎠지만, 방향을 정하고 난 뒤에는 팀원들이 자발적으로 현장에서 가능한 일을 찾아 해결해 보려고 하였다.

일부 팀원은 업무 부담이 더 늘어 난 것 때문에 기존에 하던 대로 일하기를 바랐다. 하지만 성과가 가시적으로 나타나게 되었을 때 변화를 수용하는 팀원들이 늘어났다. 현장에서 문제를 파헤치는 일이 결국에는 시스템을 더 잘 알아가는 과정이 되었다. 시스템을 잘 알면 사소한 문제는 빨리 조치하게 되고, 업무 부담은 비례해서 줄어든다는 것을 알게 되었다. 과거에는 '현장에서 할 수 있겠어?'라고 여기던 것에서 가시적 성과를 맛보게 되면서 팀원은 변화 결과에 스스로 대견해 했다. 연말에 누적된 성과는 팀과 팀원들에게 큰 혜택이 돌아갈 만큼 높은 평가를 받았다. 이런 결과는 지금까지 현장 운용팀이 해야 하는 일의 패러다임을 바꾸었다. 참여한 팀원 자신이 그 분야의 전문가로 성장했음은 말할 것도 없다.

기존 일처리 방법에서의 변화는 쉬운 것이 아니다. 지금까지 관행적으로 해 오던 행동 양식이 있기 때문이다. 하지만 팀장은 모든 변화의 선봉이 되어야 한다. 팀에서 이루고 싶은 과제가 있다면 그것만 고민할 수 있게 일부 팀원을 전진 배치해 변화를 만들게 해야 한다. 물론 현장에서 기본적으로 해야 할 일과 지시받은 일은 잘해야 한다. 그러나 틀을 바꾸는 일도 실험해 보아야 한다. "공격은 최선의 수비다."라는 말은 비단 스포츠 분야에만 통용되는 것은 아니라고 본다. 어떻게 하면 최선의 결과를 만들어 낼 수 있을지 끊임없이 고민하고, 시도해 보는 것이 가장 일을 쉽게 하는 방법이라고 생각한다.

출발할 때
평가의 룰을 알고 뛰게 하라

팀원들이 평가 기준을 알고 있다고 생각하는가? 팀을 둘러싼 환경은 매년 바뀐다. 사업 환경이 바뀔 수 있고, 상사도 바뀔 수 있다. 인사이동으로 팀장인 본인 그리고 팀원도 변동될 수 있다. 어느 경우든 팀원은 팀장이 어떤 생각을 하는지 궁금하다. 팀원들의 궁금증이 해소되면 팀원들은 더 효율적으로 일한다. 그러나 의외로 팀장들이 자기 속을 보여주는 데 인색하다.

성과로써 말하고, 성과를 내야 하는 조직인데 팀장의 본색을 드러내는 것에 주저하면 현장에서 뛰는 구성원은 일 앞에서 주저하게 된다. 팀장은 팀을 운용하는 방식, 팀장의 가치관에 대한 생각을 드러내 주어야 한다. 그러나 무엇보다 중요한 것은 팀장이 생각하는 평가의 룰을 낱낱이 밝혀 팀원이 알고 뛰게 해야 한다. 팀원은 항상 팀장의 생각에 목말라 한다.

평가 때가 되면 많은 팀장들이 팀원에게 피드백하는 것을 어려워한다. 이유는 무엇일까? 이는 평가의 룰을 구성원들과 같이 공유하지 못한 문제에서 비롯된다. 그렇기 때문에 팀원이 생각하는 자신의 수준과 팀장이 평가하는 수준에 차이가 있을 때 특히 팀장들은 어려움을 토로한다.

회사에서 정한 룰, 상위부서에서 정한 룰이 있지만, 결정적으로 팀원들의 평가에 영향을 미치는 것은 팀에서는 팀장의 룰이다. 팀장이 어떻게 일하는 것을 선호하고 어떻게 평가할 것인지를 팀원에게 알려주어야 한다. 구성원 각자가 평가 룰을 다르게 알고 있다면 각자가 생각한 방향대로 갈 수밖에 없다. 이런 조직의 구성원은 자신들의 기준에 따라 일을 하고 평가도 자의적으로 한다. 이러면 스스로 자신을 평가했을 때 높은 점수를 주는 잘못을 범하게 된다. 막상 연말 평가 시즌이 되면 팀장이 알고 있는 기준과 팀원이 알고 있는 기준이 달라 평가에 대한 괴리를 만든다. 이러한 괴리는 팀장과 팀원 간의 갈등으로 번진다.

한번 지시한 후에 아무 말 하지 않고 있다가 결과물이 마음에 들지 않으면 그때야 피드백을 하는 경우도 있다. 이는 이미 팀장과 팀원이 서로 다른 생각을 하고 있을 가능성이 높다. 상호 눈높이를 맞추기 위해선 지속적인 피드백이 필요하다. 근본적인 것은 처음 시작할 때 일의 우선순위와 일처리 방법에 대해 룰을 알고 뛰게 하는 것이다.

스스로 평가할 수 있는 판을 만들어라

평소에 팀원은 자신을 어떻게 평가할까? 일반적으로 자신이 열심히 노력하고 있고, 보고 했을 때 팀장의 피드백이 좋다면 그것으로 잘되고 있다고 믿는다. 그리고 연말 평가 시즌에는 자신이 생각한 것과 비슷한 평가를 기대한다.

이런 방식은 연말에 팀원과 팀장 사이에 평가의 괴리를 갖게 하는 요인이 된다. 객관적으로 평가하는 기준이 뿌옇기 때문이다. 대부분은 자신에게 후한 점수를 준다. 자신이 잘하고 있다고 스스로 평가한다.

필자는 이렇게 되는 것을 방지하는 방법으로 월간이든, 분기든 전 팀원이 참여하는 자리를 만들었다. 이런 자리에서 각자가 한 일에 대해 발표하게 했다. 팀원들이 각자 고민한 것, 달성한 것, 앞으로 진행할 것을 드러내게 했다.

일을 공유하고 장애요인이 있다면 다른 사람으로부터 도움을 요청받자는 취지로 이런 자리를 만들었다. 이는 팀장이 일일이 팀원들의 일에 관여하지 않아도 스스로 점검하고 피드백을 받는 자리가 되었다.

팀원 각자는 동료가 무엇을 고민하고 있고, 어떤 성과를 내고 있는지 한눈에 볼 수 있는 자리가 된다. 이런 자리는 자신이 한 일을 자랑하고 자체 평가할 수 있는 기회가 된다. 이는 참석자 상호 간에 건강한 긴장감이 들게 하고, 더 잘하기 위해 다짐하는 자리가 된다.

필자는 평가를 통해 결과에 대한 점수만 주는 게 다가 아니라 이후에 팀원이 더 잘하기 위해 점검하고 방법을 찾는 계기를 만들어 주는 것이 중요하다고 생각한다. 그러려면 팀원 스스로 평가 기준을 정확히 알아야 한다. 내가 어느 정도로 일을 하고 있고, 잘한 것은 무엇이고, 더 보완할 것이 무엇인지 아는 것 자체만으로도 더 분발할 동기부여가 된다.

평가는 인사팀의 제도적인 차원에서 객관적인 평가 절차와 양식에 있는 것이 아니라 조직장이 어떻게 제도에 맞게 운영하느냐가 더 중요하다. 성과 평가 방식도 변하고 있다. 우열을 가리는 상대평가에서 성과와 역량에 기초한 절대평가로 바뀌고 있다. 평가권은 팀장의 가장 중요한 권한 중 하나이다. 이는 모든 팀원을 잘하는 선수로 만드는 도구로 활용되어야 한다.

고성과 조직은 뭔가 다르다

고성과 팀장은 투명하다. 먼저 팀원에게 다가가기 위해서 팀장이 생각하는 것을 소통으로 드러낸다. 팀원이 궁금해하는 평가 룰을 공개하는 것도 놓치지 않는다. 이런 팀장은 팀원뿐만 아니라 상사에게도 같은 느낌을 준다. 필자가 임원이 되어 고성과를 낸 팀장이 보고하거나 발표할 때 알게 된 세 가지 특징이 있다.

│ 첫 번째, 업무를 손안에 확실하게 넣고 있다.

담당하고 있는 업무에 대해 확실한 의견을 갖고 있다. 업무에 대해 과거는 어땠고, 현재는 어떻게 하고 있고, 향후에는 어떻게 할 것이라는 생각을 갖고 있다. 팀장이 고민하고 있는 것도 명확해서 앞으로 기대할 수 있게 만든다.

│ 두 번째, 신뢰를 준다.

보고나 질문에 답하는 내용이 객관적인 사실에 기반을 두기 때문이다. 고성과 팀장이 사용하는 용어는 사실에 기초하여 말한다. 신뢰를 주는 논리로 무장되어 있다는 것이다. 비록 팀의 치부를 드러내는 어려움이 있더라도, 진행되는 내용을 투명하게 올려놓는다. 말하고 싶은 것이 있으면 모두 테이블 위에 올려놓고 솔직하게 대화한다.

| **세 번째, 상호작용이 많다.**

거리낌 없이 질문을 많이 한다. 어떤 사안에 대해 토론하거나 의견 차이가 있을 때 명확하게 하는 질문이 많다는 것이다. 상사가 지시하여도 이해가 되지 않으면 다시 질문해서 명확하게 지시를 받으려고 하는 태도를 보인다.

이러한 팀장은 팀 내에서도 팀원과 투명하다. 그러나 팀원이 질문해도 명확하게 이야기해 주지 않거나 얼버무리는 팀장도 있다. 팀장이 무엇을 어떻게 생각하는지 말해주지 않으니 업무의 명확성이 떨어진다. 이런 팀장 밑에서 일을 배우면 팀원들도 물들게 된다. 일정 기간에는 팀장 리더십이 지탱될 수 있을지라도 지속되기는 힘들다. 리더와 구성원이 바라보는 시선이 다르고 상호작용도 없기 때문에 성과를 내기 어렵다.

팀원 평가 룰 만들기

필자가 팀장이었을 당시, 연초에 먼저 회사와 상위조직의 목표와 방침에 따라 팀이 반드시 이루어내야 하는 중요한 업무를 정하고 이것을 평가표에 반영했다. 이후 전 팀원을 대상으로 평가 취지를 말하고 평가 룰에 대한 의견을 구해 최종 완성했다.

통상적으로 성과 평가는 크게 3가지 항목으로 구성했다.

① 각자가 맡은 중요한 일
② 팀 공통 업무
③ 협력 사항

3가지 평가 항목 중 영역별 가중치는 팀이 처한 환경에 따라 조절하면 된다. 팀원 간 협력이 더 중요한 일로 본다면 세 번째 '협력 사항' 가중치 항목을 높이면 된다. 여기서 강조하고 싶은 것은 각자의 맡은 일도 물론 중요하지만, 팀 공통 업무와 다른 사람의 업무에 협력한 일을 중요하게 다루어야 한다는 사실이다. 팀이란 것은 각자 해야 할 일의 퍼즐이 모여 통합을 이루어야 성과가 높아지기 때문에 상당한 가중치를 둘 필요가 있다.

협력 사항의 평가 가중치를 높였을 때 열린 소통문화가 만들어질 확률이 높다. 같이 협력하고 배려하는 문화가 만들어지기 때문이다. 조직에는 두 가지가 있다. 열린 조직과 닫힌 조직이다. 열린 조직의 팀원들은 생각을 말하고 감정을 표현한다. 닫힌 조직은 팀원들이 생각을 말하지 않고 감정을 드러내지 않는다. 말하지 않고 감정을 드러내지 않는 것이 편하다고 느끼기 때문이다. 오히려 드러내면 불리하고 피해를 본다고 느낀다.

어떤 조직이 될지는 조직장인 팀장에게 달려 있다. 팀장이 팀원들에게 어떤 태도를 보이고, 말하느냐에 따라 팀원들은 금방 알아차린다. 팀장의 말이나 행동에 따라 열린 조직이 되기도 하고 닫힌 조직이 되기도 한다. 말에 따른 행동에서 신뢰를 보여주어야만 열린 조직이 작동한다. 팀원들은 다 알고 있다. 팀장이 팀원들을 다 알고 있다고 느끼듯이 팀원도 팀장을 잘 알고 있다.

평가 룰을 명확하게 함으로써 아웃풋 중심의 성과문화가 만들어진다. 조직은 일의 본질에 충실해야 한다. 일의 본질은 성과를 내는 것이다. 그것도 '질' 높은 성과를 내는 것이다. 그런데 아직 고전적인 인풋 관리를 하는 경우가 있다. 인풋 중심의 관리라는 것은 일을 하는 팀원의 업무시간을 측정하고 출퇴근 시간을 관리하고 휴가 가는 것을 통제하는 관리이다.

인풋 위주의 관리는 일의 본질에서 보면 오류에 빠지게 된다. 이런 경우 팀원은 다른 팀원의 인풋과 비교하게 되고 팀워크가 나빠지게 된다. 자율성을 잃어버리고 시키는 일만 하게 된다. 아웃풋 관리는 팀장이 팀원들의 인풋을 통제해야 한다는 강박에서 벗어나게 해준다. 신뢰와 자율성을 주어 자기 책임성이 높아진다. 아웃풋 관리는 성과관리이다.

현명한 팀장은 팀원들의 힘을 한 방향으로 모으는 방법을 알고 있다. 팀원들이 평가 룰을 알고 뛰게 한다. 모든 팀원이 평가의 룰을 안다는 것은 룰을 벗어난 일도 스스로 알 수 있고, 다른 구성원들도 알수 있다. 스스로 평가가 가능하다. 팀장 입장에서 평가가 쉬울뿐더러 평가에 대한 공감을 얻기도 쉽다. 구성원들과 면담할 때 이전에는 팀장이 평가한 결과를 설득하는 데 초점이 맞추어졌다면 이제부터는 팀원이 더 잘할 수 있도록 진정한 도움을 주는 코칭에 더 역점을 둘수 있다.

작은 성공도
구성원들과 함께 공유하고 칭찬하라

작은 성공을 해본 구성원이 결국 큰 성공을 만들어 낸다. 아일랜드의 인지신경과학자로 트리니티 칼리지에서 심리학 교수로 재직하고 있는 이안 로버트슨(Ian Robertson)은 그의 책《승자의 뇌(Winner Effect)》에서 "어떤 동물이 다른 동물과 다퉈서 이기고 이 승리가 다음 대결에서도 이 동물이 승리를 거둘 가능성을 높인다."라는 '승자효과'를 주장하면서 작은 성공의 중요성을 강조했다.

이것은 인간에게도 적용된다. 승자들의 체내에서 테스토스테론 호르몬 수치가 패자보다 더 높게 나타난다는 것이 밝혀졌다. 테스토스테론은 도파민 수치를 높여주는데 도파민은 동기부여와 열정을 갖게 만드는 중요한 요소이다.

미국의 권투 프로모터인 돈 킹은 자신이 경험으로 알고 있었던 것을 3년간의 수감생활을 마친 마이크 타이슨에게 적용했다. 돈 킹은 타이슨이 쉽게 이길 수 있는 상대와 겨룰 수 있게 2번의 경기를 매칭시켰는데 2번 모두 수월하게 승리를 하게 만들었다. 그리고 나서 3번째 상대를 만났는데 세 번째 상대는 WBC 헤비급 챔피언인 영국의 프랭크 브루노(Frank Bruno)였다. 이 경기에서도 타이슨은 진가를 발휘하며 브루노를 3회 KO시키고 승리했다. 이후 돈 킹은 "팬들에게는 미안한 일이었지만 일부러 약한 상대와 2차례 복귀전을 주선했다."라고 말했다.

이처럼 작은 성공을 거두어본 사람일수록 더 큰 성공을 거둘 가능성이 높다. 많이 이겨본 사람이 잘 이기며 성공도 성공을 해본 사람이 한다. 한방에 홈런을 바라기보다는 단타 위주로 성공의 맛을 보면서 업무에 대한 자신감을 키우는 것이 '성공 세포'를 심는 방법인 것이다.

한번 일을 마무리해 보면 일에 자신감이 생긴다

성공체험을 했다는 것은 일의 전 과정을 해 보았다는 거다. 일의 전체 루틴을 해 보았다는 것은 큰 경험이다. 이러한 경험은 자신감을 심어주어 더 큰 일에 도전할 수 있게 한다.

한 프로젝트의 전체 사이클을 경험해보지 않은 경우 일처리의 완성도가 떨어진다. 성공 경험을 갖지 못하면 스스로 자신감이 없어 어떻게 하는 게 잘하는 것이라는 확신도 없다. 자신감이 없는데 일을 잘하기는 어렵다. 결국, 이런 구성원은 자기만의 색깔을 만들 수 없어 남의 눈치를 많이 본다. 자신의 색깔을 키워야 향후 더 뚜렷한 색깔로 성과를 만들 수 있는데 말이다.

멀리서 큰 성과를 찾기보다는 본인에게 주어진 일에서 완벽함을 추구하고, 더 잘 할 수 있도록 고민하게 해야 한다. 기존 방식과는 차별화되는 요소가 있고 효율성이 좋아졌으며, 그 일로써 스스로 자부심이 생겼다면 성공체험을 한 것이다. 성취감을 맛본 구성원들은 또 다른 도전을 쉽게 한다. 더 어려운 일도 참고 견디며 극복하고 다시 성공의 달콤함을 맛보려고 한다. 성공 경험은 육체적으로나 정신적으로나 중독성이 있기 때문이다. 팀장은 이러한 구성원들을 도와주고, 작은 진척이라도 공유하고 칭찬해 줄 수 있는 장을 만들어야 한다.

사람은 자기가 마음껏 놀 수 있는 공간을 원한다

성공체험이 팀 운용에 녹아들기 위해서는 환경 조성이 우선되어야 한다. 환경 조성을 위해서는 먼저 공평한 기회를 팀원에게 주고, 그 다음에는 팀원들이 자신의 자랑거리를 공유할 수 있는 자리를 만들어 주어야 한다.

필자는 현장 운용 부서에서 40여 명의 팀원이 4개의 파트로 나누어진 팀의 팀장을 맡았다. 현장 운용 부서라서 팀원이 많았다. 매주 각 파트에서 자랑거리가 있는 구성원을 추천하게 하여 주례보고에서 그 일의 담당자가 직접 3분 정도 자랑할 수 있게 했다. 처음에는 부담으로 느끼는 것 같았다. 그러나 몇 차례 지난 후에는 각자가 한 일을 자랑하고픈 팀원들이 늘어났다. 처음에는 안 해본 것이라서 부담이 되는 것 같았으나, 후에는 각자 하는 일을 자랑한다는 게 당연한 것으로 자리 잡았다. 사소한 고민거리도 가져오기 시작하였다. 서로 하겠다고 신청할 정도였다. 발표한 구성원은 본인의 업무를 드러내고 인정과 격려를 받았다는 생각에 자신감이 높아졌다. 이를 증명하듯

한번 칭찬받은 구성원은 다시 발표의 기회를 잡는 경우가 많아졌다.

작은 성공을 공유한다는 것은 팀원이 자신의 작은 성취를 직접 설명하는 자리를 마련한다는 것이다. 발표를 하면 발표자는 자신의 인정 욕구를 만족시킬 뿐만 아니라 동료들로부터 더 개선할 수 있는 피드백과 조언을 얻을 수 있었다.

발표를 듣는 동료들은 좋은 사례를 통해 일하는 방법을 알아 갈 수 있다. 좋은 아이디어도 모방에서 나온다고 하지 않는가? 어려운 일을 어떻게 해서 극복했다는 것은 좋은 사례가 된다. 하물며 직접적인 연관성은 없더라도 사례를 통해 각자의 고민을 풀 수 있는 단초를 잡을 수도 있다. 어떤 보고서를 써야 할 때 잘 써진 유사한 보고서가 있어 참고한다면 시간을 절약할 수 있는 것과 같다.

이런 공유 자리는 일을 제대로 하는 구성원에게는 가슴 뛰는 자리가 되지만 어떤 구성원에게는 어려운 자리가 될 수 있다. 하지만 대게는 자신은 열심히 잘하고 있는데 상사는 몰라준다는 게 불만이다. 이런 자리는 이를 해소하는 시간이 된다. 팀원 스스로 객관적이고 합리적인 평가의 잣대를 갖게 되고 평가의 공정성을 인정하는 계기가 된다.

사람은 인정받기를 원한다. 본인이 자신 있게 한 일에 대해서는 기회가 주어지면 자랑하고 싶어 한다. 이런 심리를 충족시켜 주는 것이 팀장이 해야 할 환경 조성이다. 이러한 환경이 마련된다면 시간이 지나면서 팀에 역동성이 나타난다. 이를 잘 활용하기 위해서 팀 내 공식적이든 비공식적이든 같이 모이는 행사에는 모든 구성원에게 기회를 고르게 주어 참여도를 높이고 만족감을 높일 수 있도록 배려해야 한다.

하물며 노래방에서도 고르게 기회를 줘야 한다

팀 활동 전 영역에서 구성원 모두에게 기회를 주어야 한다. 일에서만이 아니라 업무 외적인 활동에서도 기회를 골고루 주어야 한다. 비공식 자리에서도 기회가 공평하게 주어진다고 느끼면 공식적인 일 영역에서도 협력 활동이 활발하게 된다.

필자는 팀 공식 업무 이외에 회식이나 자율적으로 참여하는 모임에서도 기회를 공평하게 주는 게 중요하다고 생각한다. 참석자들에게 고르게 기회를 주느냐에 따라 팀원들의 참여 열기가 달라지는 것을 보았다.

팀원들과 중요한 프로젝트를 마치고 식사하고 노래방에 간 적이 있다. 보통 이런 자리는 담소를 나누면서 술을 마시거나 노래를 하거나 편하게 시간을 보낸다. 처음에는 노래할 사람은 노래하고, 일부는 노래방에서 옆 사람들과 이야기하는 분위기가 만들어졌다. 그러나 시간이 지난 후에 노래방에 있는 사람은 서너 명에 불과했다. 한 곡이라도 노래를 한 구성원들은 남아 있었지만, 방관자로 있었던 구성원들은 이미 그 방에 없고, 끝나기를 기다리며 밖에 있거나 집에 가고 없었다.

단합을 위한 단체 활동이 잘못되면 오히려 구성원들에게 스트레스를 주고 단합을 해치는 경우도 있다. 회식이 어떤 팀원에게는 친밀도를 높이는 시간이 되지만, 어떤 구성원에게는 마지못해 참석하는 자리가 되어 역효과를 본다.

다음에 노래방에 갔을 때는 방법을 달리해 보았다. 사전에 잘 나서는 한 팀원에게 모든 팀원들이 돌아가면서 노래 한 곡은 하도록 권유하게 했다. 그랬더니 일정한 시간이 흐른 뒤에도 같이 즐기는 것을 보았다. 의도적으로 처음에 한 곡이라도 부르도록 기회를 준 후 자유롭게 진행하면 마무리될 때까지 참여한 모든 구성원이 같이 시간을 보낸다. 이런 상황은 어디에나 적용된다고 본다. 기회를 같이 공유했을 때, 같이 협력하고 같이 즐기게 된다.

팀 내에서 협력 관계는 리더인 팀장의 역할이 가장 크다. 구성원 각자가 자원이라면, 팀장은 자원을 적재적소에 배치하고 활용해야 한다. 일처리의 속도는 각자의 역량도 중요하지만, 관계 친밀도에 의해 달라진다. 특히 일의 성격상 협조를 구할 때 전화로도 가능한 일도 관계가 원활하지 못한 상황에서는 찾아가서 협조를 구해도 더디게 진행될 수 있다. 팀원 간에도 이러한 일이 있다.

시키지 말고 하게 하라

권한 위임이 잘된 팀은 다르다. 팀장이 일일이 모든 일에 관여하지 않는다. 팀원은 스스로 해야 할 일을 한다. 시키면 제한된 일만 하지만 스스로 하면 본인이 할 수 있는 최선의 결과를 만들어 낸다. 시키면 말의 의중을 알아야 하고, 말귀를 잘 알아들었는지 의구심을 갖게 된다. 의구심이 들 때 자기 주도성이 사라진다. 업무지시를 받은 구성원이 리더의 마음에 들게 할 확률은 5%가 안 된다고 한다. 상사의 의도대로 하려다 보니 수동적으로 일이 진행된다. 팀원은 자의적인 판단이 없으니 본인이 갖고 있는 자원을 한곳에 집중할 수 없다. 일을 알아서 하면 본인이 할 수 있는 최선의 능력을 발휘한다. 특히 주로 현장 일이 많은 조직에서는 이러한 일처리가 더욱 중요하다.

고객 가치관과 고객 욕구는 다양화되고 있다. 고객 기호는 양보다 질로, 가치가 있는 것으로 옮겨가고 있다. 고객은 동일한 서비스가 아니라 마음까지 읽어주는 서비스를 요구한다. 이러한 변화를 소화하는 것은 현장에 있는 구성원이다. 고객의 가치 변화에 맞게 응대하기 위해서는 기존의 매뉴얼로는 한계가 있다. 리더가 고객의 요구에 맞추어 일일이 의사결정을 내리기에는 한계가 존재한다. 원칙에 따라 현장 구성원들이 자율적으로 움직여 개별 대응을 해야만 한다. 고객 요구 변화에 발 빠르게 대응하기 위해서는 일을 하게 해야 한다.

구성원들이 자발적으로 일을 하기 위해서는 리더를 중심으로 팀 공동 목표에 공감해야 한다. 이를 달성하기 위해서는 구성원들이 서로 이어져 있다는 것을 알게 해야 한다. 이런 상태가 되려면 초반에 저항과 관성을 뛰어넘는 리더의 힘이 필요하다. 리더가 밀어붙이는 힘은 로켓 발사의 1단계 정도의 힘이 될 수 있지만, 대기권 탈출을 위한 2단계 힘은 직접 실행하는 구성원들에게서 나온다. 구성원들의 공감으로 만들어 내는 힘이 가장 강력하다. 공감되는 일은 구성원들이 스스로 하게 된다.

팀장은 모든 것을 다 잘해야 하는 존재가 아니라 조직의 팀원이 최대의 성과를 발휘할 수 있도록 이끌어 주는 사람임을 알아야 한다.

믿GO, 맡기GO, 기다리GO

필자와 같이 근무한 어느 리더는 팀원 자율성을 높이는 방법으로 '3GO'를 즐겨 사용했다. 여기서 3GO는 '믿GO, 맡기GO, 기다리GO' 이다. 팀원에게 충분히 해결할 수 있는 역량이 있다고 믿어야 한다. 비록 미덥지 못하고 부족한 점도 있겠지만 팀원 스스로 문제를 해결할 수 있도록 '믿고, 맡기고, 기다려야' 한다고 강조했다. 물론 기다린다는 게 어렵다. 업무에 따라 시간이 없어 재촉하거나 급하게 해야 할 경우도 있고, 답이 뻔한데 다른 생각을 하고 있으면 지시하고 바로 가도록 하고 싶은 유혹을 느낀다.

비록 급해서 지시를 내려야 할 경우라도 다음부터 그렇게 되지 않으려면 어떻게 해야 하는지 생각해 봐야 한다. 팀장은 당연히 경험과 노하우가 있어 바로 어떻게 해야 하는지 알 수 있다. 하지만 장기적으로 보았을 때 팀원이 생각하고 시도하고 헤쳐 나가도록 해야 일 근육이 생긴다. 육성도 일이라고 생각해야 한다.

물론 일이 잘못되어갈 때 단기적으로 강한 리더십을 발휘하는 것은 유용할 수 있다. 하지만 장기적으로 가면 이런 강하게 몰아가는 리더십은 오래 쓸 수 있는 대책은 아니다. 팀장 자신이 해결하기보다는 질문이나 토론, 협력을 통해 구성원 스스로 해결해 나가도록 하는 것이 바람직하다. 팀원 스스로 토론에 참여하고 그러한 과정을 통해서 문제를 해결하게 되면 자율성이 높아지고 자신감이 생긴다.

스스로 통제할 수 있는 상황에서는 그렇지 못한 상황에 비해 스트레스를 훨씬 적게 받는다. 팀장 지시 없이 자발적으로 업무를 찾아서 하면 팀원은 스스로 통제할 수 있는 환경에 있게 된다. 스트레스는 두뇌 활용에 큰 영향을 미친다. 팀원이 스스로 할 수 있는 환경을 만드는 것은 스트레스를 줄이고 창의성을 높이는 길이다.

충분히 알려주고, 들어준다

해야 할 일에 팀원이 더 몰입할 수 있게 하기 위해서는 충분히 알려 주어야 한다. 일이 만들어진 배경과 의도와 맥락을 알고 있어야 팀원이 제대로 일을 할 수 있다. 일을 둘러싼 환경을 모르는데 일이 잘되기를 바라는 것은 공이 어디로 튈지 모르는 것과 같다.

팀장이 일에 대해 알고 있는 내용을 충분히 알려주어야 당사자는 자신의 지식과 경험을 버무려서 창의력을 발휘한다. 그렇지 않으면 팀장이 알고 있는 정답을 찾아 그것에만 집중하게 된다. 그런 방식으로는 만족스러운 결과를 만들기 어렵다.

팀장의 상사인 본부장이 지시를 내린다면 더욱더 일을 해야 될 팀원에게 잘 알려주어야 한다. 상사 지시의 맥락과 의도를 잘 읽어 전달해야 한다. 어떻게 전달하느냐에 따라 완성도가 다르다. 텍스트만 전달하면 직접 작성할 팀원은 맥락을 몰라 팩트에서 벗어 날 수 있다. 상사의 지시이다 보니 질문이 있더라도 그냥 알아보지 않고 지나치는 경우가 있다. 이러한 빈틈이 나중에는 큰 간격을 만든다. 호미로 막을 것을 가래로 막아야 하는 경우가 있다. 팀장은 실무자가 지시받고 의문이 있을 때 질문하도록 기회를 주어야 한다.

상사의 의중을 더 알고 추진해야 할 내용이라면 중간보고는 필수이다. 이런 자리에 실제 일을 하고 있는 담당자를 배석시켜 들어보게 할 필요도 있다. 담당자가 직접 참석해서 듣는다면 맥락과 의도의 정확성뿐만 아니라 자발성도 높아진다. 참석한 본인이 인정받고 있다고 느끼고, 그만큼 중요한 내용이라고 생각되어 팀장에게 지시받아 하는 것보다 자발성이 높아지게 된다.

맡기는 것도 파레토 법칙이 필요하다

업무 성격에 따라 팀장이 관여해야 하는 일과 팀원에게 완전히 맡길 일로 구분해야 한다. 80 대 20 파레토 법칙이 있다. 성과의 80%는 전체 일 중 20%에서 만들어진다고 한다. 팀장은 일의 우선순위에 따라 포트폴리오를 조정하여 추진해야 한다. 팀 업무 중 20%에 해당하는 중요한 일은 팀장 관여도를 높이고, 80%의 일은 팀원이 주도적으로 하게 한다. 물론 80%에 해당하는 일도 주기적으로 확인하여 일이 잘못될 가능성을 제거해야 한다.

팀원에게 할당된 일이라도 점검하면서 격려와 칭찬이 뒤따라야 한다. 이렇게 해야 팀장이 시간을 벌 수 있고, 더 중요한 일에 힘을 쓸 수 있다. 이슈가 있더라도 먼저 담당자가 해결책을 찾도록 한다. 팀장은 팀원의 의견을 경청하고 조력자 역할을 해야 한다. 데드라인을 정해 그 이후에 팀장이 관여하도록 한다. 팀원이 바람직한 해결책을 찾아 실행할 수 있도록 한다. 이러한 선순환적 업무처리, 시스템이 만들어질 때까지는 시간이 걸리고 어려울 수 있다. 하지만 시스템이 만들어지면 실행력은 어떤 경우보다 높을 것이다. 왜냐하면, 당사자가 일처리의 방향성을 정했기 때문에 해내려고 하는 추진력도 높아지게 될 것이다.

일을 통해서 역량을 개발하는 것이 가장 좋은 육성 방법이다. 팀원이 가진 새로운 관점을 업무에 담아낼 수 있다. 팀장은 팀원이 다른 시각과 관점을 가질 수 있도록 지원해야 한다. 새로운 시각은 기존에 못 봤던 사항들을 들춰낼 수 있기 때문이다. 일하는 과정에서 팀원의 자율성을 존중해주고 팀원이 바라보는 관점을 수용한다면 처음에는 더디게 일이 진행될 수 있지만 궁극적으로 성과와 역량은 크게 달라진다. 팀원 마음속에 긍정의 힘이 만들어진다. 권한 이양이 제대로 되었을 때 가능하다.

　리더가 구성원이 일하는 데 과도하게 개입하면 팀원의 주도성이 사라진다. 결국, 이런 조직은 팀원들의 자율성이 없어 일처리가 왜곡되고 부작용이 발생할 가능성이 크다. 시켜서 하는 일이 더 빨리 되는 시기는 지나갔다. 이제는 하게 해야 한다. 하게 하면 완성도 있는 성과를 만든다. 팀원의 자발적인 실행력을 높이는 것이 일을 현명하게 하는 방법이다.

테이블 밑의 언어를
더 진실로 받아들인다

초중고에서 대학까지 그 많은 수업을 들었음에도 특별히 기억에 남
는 장면은 그리 많지 않다. 그런데 가끔 선생님들이 딴 길로 새서 들
려준, 수업과 무관한 이야기들 가운데 몇 가지는 지금도 뚜렷하게 기
억에 남아 있다. 회사에서 공식적인 언어보다는 '카더라 통신'이 더
잘 들리고 더 빨리 전달되는 것과 같다. 팀장이 무심코 던진 말이 팀
원에게는 더 진심이 들어가 있는 것으로 판단될 수 있다. 팀원은 팀
장의 공식적인 말보다는 비공식적인 언어와 태도에 관심을 갖고 더
영향을 받는다.

간혹 인사철이라든지 회사의 변화가 있는 시기에 동료 간에 떠돌
아다니는 이야기들이 빠르게 전파되는 경우가 있다. 이것이야말로 테
이블 밑 언어의 한 종류이다. 특히 인사이동이나 조직 변경이든 회사
에서 구체화 되지 않은 내용들이 입소문 채널을 타고 번져나간다. 이
런 이야기를 들은 팀원이 팀장에게 확인하는 질문을 한다면 팀장이
취할 수 있는 태도는 두 가지가 있을 수 있다.

하나는 팀장도 같이 정보를 얻어 동조하는 것이고, 다른 하나는 공식적으로 내려온 정보가 없기에 아는 바 없다고 말하는 것이다. 전자는 가끔 확대 재생산되어 혼란을 가져온다. 어느 팀장도 이런 이야기를 했다고 다른 사람에게 다시 증폭되고 확산된다. 이런 이야기에 팀장이 끼어들 필요는 없다. 가장 바람직한 것은 공식화된 내용만 전달하는 것이다. 어느 경우든 구성원을 모두 만족시킬 수는 없다. 인사든 조직 변경이든 시기가 되면 누군가는 고민하고 설계한다. 공식화되지 않은 정보를 팀장이 팀원에게 이야기하는 순간에 어느 정도 신뢰를 갖고 퍼져나간다. 소설도 팀장이 말하면 사실이 된다.

이런 이슈는 다양한 가능성을 열어놓고 고민하는 내용이기에 하루에도 몇 번이나 변경이 가능하다. 그러니 마지막에 뚜껑이 열려야 공식화할 수 있는 내용이기에 공식화될 때까지 아는 바 없다고 하는 게 바람직하다.

팀장 자신도 팀원 이동이나 인사 평가할 때 그렇지 않은가? 마지막까지 고민하여 결정하는 것이 일반적이다. 팀원 입장에서는 팀장의 말이 곧 사실이다. 공식화된 내용 이외는 언급하지 않는 것이 바람직하다.

팀장에게 비공식적 언어와 태도는 없다

팀 회의를 마무리한 후에 별생각 없이 팀장이 가볍게 던지는 말에 팀원은 더 신경 쓴다. 이러한 말이 팀원에게 더 영향을 미친다. 예를 들어, 팀장이 상사와 회의 후 토의된 내용을 전달할 때 그 결과 내용을 전달한 후에 다시 팀장 자신의 견해와 입장을 말하는데, 결과와 다르게 부정적으로 의견을 말하는 경우가 있다. 이런 경우에 팀원 입장에서는 이 일은 팀장이 상사와 이견이 있다고 느낀다. 이견이 있는 일은 아직 실행에 옮기기에는 더 숙성이 필요한 것으로 인식한다. 아무리 중요한 일이라도 팀장이 방향을 잡지 못하면 팀원들은 어디로 가야 하는지 방향을 잡지 못한다. 방향이 애매한 일에 팀원은 움직이지 않는다.

또 다른 경우는 전달 내용을 명시적으로 부정하지는 않지만, 말의 톤이나 표정에서 부정적으로 전달하는 경우도 있다. 팀장이 전달한 내용과 다른 생각을 갖고 있다면 팀원들이 먼저 눈치챈다. 팀장이 말은 안 했지만 표정, 시선, 손짓, 말투에서 드러나는 것을 보고 팀원은 안다. 팀원은 리더의 비언어적 태도에서도 알아챈다. 이런 일은 잘 될 수가 없다.

모두가 한 방향으로 힘을 합쳐도 달성하기 힘든 일이 많은데 각자의 생각이 다르면 어디로 방향을 잡아야 할지 모른다. 특히 팀장 생각이 다르면 팀원은 나서고 싶어도 눈치가 보여 잘할 수가 없다. 따라서 팀장은 구성원들이 리더가 테이블 위에서 얘기하는 것보다 테이블 밑에서 얘기하는 내용을 더 진실로 받아들인다는 것을 알아야 한다. 팀장의 말과 행동은 팀원에게 항상 영향을 준다.

팀장 메시지에 따라 팀원은 움직인다

팀장의 메시지는 명확해야 한다. 그래야 혼란이 없다. 팀장의 메시지가 이렇게도 해석되고 저렇게도 해석될 수 있는 애매모호한 발언이면 혼란을 가져온다. 팀장이 해당 지시의 성격과 본질을 정확히 이해하지 못하고 말하는 경우도 있다. 팀장은 중심을 잡고 완충 역할을 해야 한다. 상위조직에서도 아직 애매한 사항이거나, 이미 상위조직에서 결정된 사항이라도 팀장이 이해를 못한 경우도 있다. 이때 팀장이 취해야 할 태도는 명확한 부분까지는 팀원에게 알리고, 추가되는 내용은 다시 정리해서 알려주는 방법을 선택해야 한다. 팀장이 이해하지 못한 지시사항을 팀원에게 옮기지 말아야 한다.

팀장 의견과 다른 상사의 지시사항이라도 팀원에게 전달하는 방법이 중요하다. 회의에서 충분한 토의 과정을 거쳐 정해진 거라면 한 방향으로 가도록 전달을 잘해야 한다. 전달 과정에서 혼란을 줄 수 있는 팀장의 다른 군말은 상사와의 믿음과 신뢰를 떨어뜨린다. 팀장이 하지 않아도 될 쓸데없는 군더더기 말에 팀원들은 팀장이 상사와 긴밀하지 않다고 느낀다. 일을 추진력 있게 한 방향으로 나아가기 힘들게 한다.

결정이 난 지시사항은 팀장이 다른 의견이 있더라도 일단 정해진 방향대로 실행시켜봐야 한다. 내 의견과 다른 결정이라고 안 되는 문제점을 부각시키고 실행력을 등한시하면 안 된다. 일단 해보고 나타나는 문제점이 있다면 더 잘할 수 있는 방안을 찾고 해결한 후에 보고해도 늦지 않다. 시기적으로 필요하다면 중간 피드백을 하고, 문제점을 보완할 수 있는 방안을 제시하는 것이 바람직하다. 이런 팀장에게 상사도 고마워할 것이다. 차후에 다른 의사결정 과정에서는 해당 팀장의 의견에 상사도 더 귀 기울일 것이다.

다음은 아직 결정하지 않은 지시사항인 경우이다. 상사도 확신을 갖지 못하거나 팀장과도 의견이 달라 아직 결정이 덜 된 사항이라면 결정이 난 후에 공식적으로 전달해야 한다. 팀원에게 의견을 구할 수는 있겠지만 팀원에게 부정적으로 이야기할 필요는 없다. 팀장이 다른 의견을 갖고 있다면 어떻게 조정할 것인지, 본인의 의견이 맞는지 더 알아보는 방법이 현명하다. 상사와 시간을 갖고 입장을 정리하여 결론을 본 후에 팀원에게 전달해야 실행력이 생긴다.

어느 경우든 상사에 대해 부정적으로 말할 필요는 없다. 상사에 대해 애기할 때는 절대적으로 상사의 선한 의도를 보고 긍정적인 면을 바라봐야 한다. 만일 팀장이 상사에 대해 부정적인 말을 팀원에게 자주 말한다면 팀원의 행동에 제약을 준다. 팀원들은 상사들이 불협화음을 내고 있다고 판단하면 편하게 의견을 제시하기 힘들어하고 눈치를 보게 된다. 결국 팀 운영에 어려움을 가져오게 된다.

평소 회사의 사정을 알려주어야 한다

팀에서 가장 많은 정보를 지닌 사람은 팀장이다. 업무적으로 평소에 회사 돌아가는 상황이나 상사가 중요하게 생각하는 것을 수시로 전달해야 한다. 이러한 정보는 비단 회사가 돌아가는 사정을 안다는 것에 그치지 않고, 각 팀원들이 일하는 과정에서 의사 결정할 때 중요한 역할을 한다.

회사와 상사의 생각을 안다는 것은 보고서를 쓰거나, 보고하거나, 회의에 참석할 때 큰 맥락을 이해하기 때문에 방향성이 어긋나서 고생하는 일을 줄인다. 간혹 회의 중에 어떤 안건에 대해서 방향이 다른 엉뚱한 말을 하는 경우를 본다. 이것은 좋게 말하면 다른 생각일 수도 있지만, 대개는 자신의 틀에 갇혀 있어 전체 돌아가는 사정을 모르고 하는 경우가 많다. 회사 조직에서 중요하게 생각하는 것, 상사가 강조하는 것을 알고 있는 것과 모르고 일하는 것은 '아' 다르고 '어' 다르듯이 의견에서 큰 차이를 보일 수 있다.

상사의 지시가 있을 경우 필요하면 직접 일을 처리할 팀원과 같이 들어볼 필요도 있다. 실제 실행할 구성원이 듣는 것과 팀장이 듣고 알려주는 것은 확연히 다르다. 어떤 일에 대해서는 이렇게 하는 것이 상사 입장에서도 더 신뢰가 갈 것이다.

일을 맡은 팀원 입장에서는 상사의 상사가 관심을 가지는 일이고, 직접 들은 내용이기 때문에 더 책임감을 느낀다. 이런 팀원은 평소 업무 결과 이상으로 성과를 낼 확률이 높아진다. 지시사항의 전달은 전달자의 의견이 반영되기 때문에 최초로 지시한 사람의 의도와는 다르게 전달될 수 있다. 직접 들은 상사의 지시는 내용 그 자체뿐만 아니라 몸짓, 톤, 행간을 통해 진의와 의도를 더 자세하게 읽어낼 수 있다. 상사가 바라는 기대치에 맞게 지시사항을 진척시킬 수 있다.

협조 요청하는 일에도 뼈가 있다

    회사에서 구성원들에게 협조를 구할 경우가 있다. 예를 들어, 특정 시기에 구성원들에게 회사 상품을 홍보하는 일이라든지, 특별 판매하는 일에 협조를 요청할 경우가 있다. 이때 지시가 내려온 동기와 취지를 팀장이 말하지 않는다면 팀원들은 쉽게 따르지 않는다. 당장 눈에 보이는 팀 업무가 아니라고 여기기 때문이다. 하지만 회사에서는 그 시기에 당장 중요한 일일 수 있는데 말이다. 좁게 보면 이런 일들이 팀 업무와는 상관없고 다른 조직의 일이라고 등한시할 수 있지만, 크게 보면 회사에 영향을 줄 수 있는 일이기 때문에 적극적으로 협조해야 한다.

    팀장이 어떤 자세를 취하느냐에 따라 장기적으로 팀원들이 조직을 대하는 자세에 영향을 미친다. 팀장이 회사 사정을 이해하고 거기에 맞게 행동을 취하면 팀원들도 해야 하는 일로 여기고 따른다. 팀 문화에도 영향을 미친다. 팀원들도 팀 전체의 힘을 발휘해야 하는 일이 있다면 조직을 우선시한다. 단지 이런 일이 회사와 팀 간의 문제가 아니라 결국에는 팀이라는 조직 내부에 그대로 복사된다.

    이런 일이 잘못 되었을 때 눈에 보이는 팀 성과에는 영향이 없겠지만, 눈에 보이지 않는 정성적인 평가에서 영향을 받을 수 있다. 회사의 충성도와 연계되어 있다고 볼 수 있다. 어떻게 보면 팀장 개인의 평가에 감점으로 작용한다. 상사는 이런 팀장을 다르게 해석할 수 있다. 눈앞의 일에 대해서는 그 팀장이 어느 정도 일을 하지만 단체 일에 대해서는 신경 쓰지 않는다고 느낀다. 이렇게 되면 해당 팀의 일은 색안경을 끼고 본다.

제4장

빌드업 리더십 II

회의·보고

회의·보고의 기술과 전략

질문을 갖고 다녀라

서울에서 부산 방향으로 중부고속도로를 타고 가다 보면 남이천 휴게소 근처 고속도로 바로 옆에 약 100M쯤 되어 보이는 큰 건물 벽면 전체의 빨간색 바탕 위에 쓰인 광고 글이 있다.

"사유하고 질문하라."

이는 어느 교육 회사에서 내건 육성 철학이다. 현재 교육이 배운 것을 답할 수 있는가에 초점을 맞춘다면, 앞으로의 창의성 시대에는 사유하고 질문할 수 있는 능력이 중요시 될 것이다. 이는 곧 대답하는 교육에서 질문하는 교육으로 바뀌어야 한다는 것을 나타낸다.

소크라테스가 평생 한 일은 끊임없이 묻고 또 묻는 일이었다. 대화를 통해 자신의 무지를 깨닫고 진리를 향해서 나아갔다. 묻지 않고는 답이 나오지 않는다. 질문하는 사람만이 답을 찾는다. 교육 현장만 그럴까? 아니다. 산업현장에는 이미 창의적인 인재가 주도권을 갖고 이끌고 있다. 기존 관념의 틀을 깨고 지식을 연결하여 사유하고 질문하는 과정을 통해 새로운 비즈니스를 재창조하고 있다.

"사유하고 질문하라."

바로 이 모토는 이제 팀에서도 필요하고 팀장 자신에게도 필요하다. 팀에서 하는 일은 맡은 업무를 지금보다는 더 개선하여 성과를 만들어 내는 것이다. 잘하고 싶으면 반드시 개선해야 한다. 개선하려면 대상을 철저하게 분석하고 생각을 해야 한다. 그래야 개선점이 발견되고 그걸 해결하려고 노력하게 된다.

그 과정에서 분명히 궁금증과 호기심이 생기고, 그걸 해결하기 위해 질문을 하게 된다. 풀리지 않는 것은 지속적인 질문을 통해 답을 찾아가야 한다. 질문을 잘하기 위해서도 생각을 해야 한다. 생각하는 만큼 궁금증이 생기고 알고 싶은 질문이 만들어진다.

회의나 식사 자리가 있다면 질문을 갖고 다녀야 한다. 사람이 모이는 장소에는 배울 수 있는 것이 있고 얻을 수 있는 것이 있다. 그런 자리에서 평소에 궁금한 내용을 질문하고 의견을 얻도록 해야 한다. 만나는 사람은 소중하다. 그 사람 나름의 경험과 관점은 사고의 폭을 넓힐 기회가 된다. 자신의 울타리에만 갇혀 있는 사람에게는 언제나 같은 풍경만 보일 뿐이다. 다른 사람의 경험과 관점을 통해 다른 시각을 가질 수 있다. 질문을 통해 관계를 만들고, 관계 속에서 친밀감이 형성되고 일이 이루어진다. 다른 사람과의 관계를 어떻게 형성하느냐는 오늘보다는 내일에 영향을 준다.

누구나 자신의 틀 안에서 생각한다

사람은 자신만의 안경을 끼고 사물을 바라본다. 빨간 안경을 쓰고 보면 온 세상이 빨갛게 보이는 것처럼, 어떤 고정관념을 갖느냐에 따라 세상은 전혀 다르게 보인다. 고정관념은 잘 변하지 않는 확고한 생각이다. 이를 좋게 말하면 개성이라 할 수 있다. 평생 자신만의 안경을 끼고 살아간다면 잘 변하지 않는 단순하고 지나치게 일반적인 사고에 사로잡힐 수 있다. 이런 자신의 고정관념이라는 틀을 깨고 나오기 위해서 필요한 것은 모두가 당연시하는 것에 의문을 던지는 것이다. 의문은 질문을 만든다.

의문을 질문으로 바꿔보자. "이 일은 왜 항상 문제가 있지?", "정말 잘할 수 없을까?"라며 의심하는 것에서 "근본적인 문제점은 무엇이지?", "어떻게 하면 개선할 수 있을까?"라며 답을 찾기 위한 질문으로 바꿔보는 것이다. 질문을 통해 사고의 전환이 만들어지고, 사고의 유연성이 생긴다. 유연한 사고는 사물을 객관화하기 쉽다.

질문도 기술이다

현명한 리더는 질문도 리더답게 해야 한다. 질문을 잘하려면 기술이 필요하다. 효과적인 질문은 상대를 열리게 하고 대화에 빠져들게 한다.

먼저 자신이 잘 모른다고 시인할 수 있어야 한다. 모르는 것을 모른다고 하는 것은 문제가 되지 않는다. 몰라서 묻는 것이다. 모른다고 말하면 상대방은 대체로 도와주려고 설명을 하기 시작한다. 상대방도 긴장을 풀고 편안한 상태에서 이야기를 하게 된다.

질문할 때 무엇보다 중요한 것은 열린 질문을 해야 한다. 열린 질문을 하면 창의적인 답을 얻을 수 있다. 대답이 '예'나 '아니오'로 끝나는 닫힌 질문으로는 생각을 이어갈 수 없다. 열린 질문은 대화의 주도권이 대답하는 사람에게 있는 듯 느껴지기 때문에 대답을 하는 사람이 더욱 신나서 말하게 되고, 더 많은 이야기와 정보를 듣게 된다.

그중 필자가 자주하는 질문은 "어떻게 하면 ~ 할 수 있을까?"이다. 회사에서는 답을 찾아가는 과정이 중요하다. 상대의 이야기에 자신의 생각을 얻어 다시 질문으로 답을 찾아가는 과정에서 아이디어를 얻게 된다.

열린 질문은 곧 상대방의 생각을 끌어내는 질문이 된다. 기억력에 의존해서 답을 구하는 질문은 누군가는 대답하겠지만 다른 누군가는 대답하지 못할 수도 있다. 이런 게 되풀이되면 다른 사람들은 다음부터 숫자 외우는 데에만 몰두하게 된다.

반면 좋은 질문이란 대답하는 사람이 자신만의 논리를 갖고 있지 않으면 대답할 수 없는 것들이다. "무엇을, 어떻게 하면 ~ 할 수 있을까?"가 이에 속한다. 가령 "앞으로 무엇을 해야 고객 만족도를 높일 수 있을까?" "앞으로 고객들은 서비스 개선이 어떻게 되기를 바랄까?" 같은 것처럼 상대방의 생각을 끌어내는 질문이 무엇보다 중요하다.

질문은 되도록 긍정적으로 해야 한다. 긍정적인 질문은 긍정적인 답을 얻을 수 있다. 상황을 긍정적으로 볼 수 있도록 도와주는 질문이며, 상대방을 방어적으로 만들지 않는 질문이라고 할 수 있다. 성과를 내기 위한 질문이나 어려운 상황에 처해 있을 때의 질문도 최대한 긍정적으로 해야 더 효과적인 이야기를 들을 수 있다.

예를 들어, 팀의 실적이 좋지 않아 팀장이 "우리 팀의 실적이 좋지 않은데 문제가 무엇이라고 생각하나요?"라고 묻는다면 팀원들은 뭐라고 대답할 수 있을까? 이미 실적이 좋지 않은 것은 모두 알고 있고, 그렇지 않아도 의기소침해 있는데 '그 상황에서 무슨 문제를 다시 이야기하고 있는 거야.'라고 말할 수 있다. 그렇다면 이런 상황에서 어떻게 질문하는 것이 좋을까?

"우리 팀에서 무엇을 개선하면 조금 더 실적이 좋아질까요?"

"실적이 높은 팀의 성공 요인은 무엇일까요?"

질문 자체가 긍정적이고 해결책에 초점을 맞추기 때문에 팀원들은 자신의 생각을 더 자유롭게 이야기할 수 있을 것이다. 팀장은 명령하는 사람이 아니라 질문하는 사람이 되어야 한다.

질문은 모임을 가치 있게 한다. 사람을 만날 때도 궁금한 사항이 무엇인지 떠올리며 질문을 생각한다. 누군가가 만나자고 할 때 상대가 왜 만나자고 하는지 준비도 된다. 이는 출제자의 의도를 파악하듯 일상의 대화 속에서도 상대의 말과 행동 속에 궁극적인 의도를 잡을 수 있다. 의사소통의 생산성을 높여준다.

좋은 관계를 위해서는 상대를 인정해주는 질문도 중요하다. 최근 상대 사업 분야에서 변화와 긍정적인 일이 있다면 언급해 주는 것이 좋다. 상대의 관심사나 먼젓번 만나면서 했던 이야기도 떠올려 보는 것도 의미가 있다. 만일 지난번 만남에서 거론되었던 내용이 있다면 그걸 기억해주고 그 이후에 어떻게 되었는지 궁금해한다면 더없이 친밀감을 느낄 것이다. 그다음 자신이 얻을 수 있는 질문으로 흐름을 이어가면 된다. 처음 만나는 중요 비즈니스 미팅에는 사전에 알아볼 수 있는 내용이 있다면 먼저 챙겨놓고 질문으로 이어가는 게 좋다.

질문도 잘하려면 기술이 필요하다.

질문은 생각 근육을 활성화시킨다. 질문은 생각하는 힘을 키우는 중요한 매개체가 된다. 즉 생각 근육이 길러진다. 지식이나 지혜는 주입한다고 해서 자기 것이 되지 않는다. 그대로 받아들이기보다 그것에 질문이라는 현미경을 들이대고, 그 속살을 헤집어 놓고, 새롭게 구성하여 소화할 때 비로소 지식과 지혜가 내 것이 된다.

유대인 속담에 "좋은 질문이 좋은 답보다 훨씬 더 낫다."라고 한다. 항상 의문을 품고 궁금증을 해소하는 질문을 하도록 장려하고 있다. 노벨상 수상자 중 유대인이 20% 이상 차지하는 비결은 질문의 힘에 있다고 한다. 이것은 어릴 때부터 가정이나 학교에서 자녀와 함께 책을 읽고, 사색하고, 토론하는 분위기가 성인이 된 이후에도 계속된 결과이다.

질문을 잘하는 팀장은 이슈거리에 대하여 자기 생각이 정리되어 있다. 생각이 정리되어 있다는 것은 어느 자리든 의견을 말할 수 있고 대화할 준비가 되어있다는 것이다. 이런 사람은 모임을 즐긴다. 다른 사람 의견이 궁금하고 그들의 의견을 듣고 싶어 한다. 결국에는 여러 이슈 거리에 대한 본인의 생각을 체계적으로 더 정교하게 구조화한다.

외부 모임도 업무의 연장이다. 사무실에서만 업무를 하는 것은 아니다. 질문을 통해 업무의 완성도를 높일 수 있고, 이해 관계자가 생각하는 의견에서 소중한 경험을 얻을 수 있다.

원천 소스를 확인하라

어느 실적 보고 자리에서 마케팅 팀장이 "연초에 신규 출시된 서비스의 고객이 지난달보다 10% 상승했습니다."라고 자랑스럽게 발표했다. 듣고 있던 참석자들은 처음 시작하는 서비스치곤 나쁘지 않은 실적이라고 생각했다. 그러나 상사가 고개를 갸우뚱거리더니 대뜸 질문한다. "신규 고객들은 우리 회사의 다른 서비스에 가입되지 않은 고객인가요? 실제 시장에서 신규 고객이 들어왔다는 건가요?"라고 질문을 던졌다. 상사는 신상품 고객을 더 세부적으로 분석해야 한다고 말한 것이다. 이런 신규 고객 중에는 진짜 신규로 들어온 고객도 있지만, 회사의 다른 서비스를 이용하는 고객이 이 서비스로 이동하였는지 알고자 했다. 요즘 많은 서비스들이 유사해서 기존 서비스를 해지하고 신규로 왔는지도 봐야 한다는 것을 지적한 것이다.

어떤 데이터를 말할 때는 데이터가 의미하는 것이 무엇인지 면밀하게 봐야 한다. 데이터를 한쪽에서 보면 좋은 의미를 나타낸다고 볼 수 있으나, 다른 쪽에서 보면 다른 의미를 내포할 수 있다. 그 이면을 보지 못하면 앞으로 남는 장사가 뒤로 밑지는 장사가 된다.

회사 업무에서도 자기 영역의 고객만을 생각하고 마케팅 전략을 실행하다 보면 회사의 다른 제품이나 서비스에는 생각지 못한 영향을 줄 수 있다. 회사 전체적으로는 안 하느니만 못한 전략이 될 수 있다. 이런 잘못된 마케팅 전략은 시장에서 경쟁력을 떨어뜨리는 결과를 초래한다. 보고서에 사용된 데이터가 부실하거나 통계적 해석을 잘못 사용하는 경우에 오해를 불러일으키고, 더 나아가 잠재적으로 위험한 결과를 초래한다.

　일반적으로 회의나 보고 시 근거를 구체화하기 위해 데이터를 사용한다. 이는 보다 나은 의사결정을 돕는 기반이 된다. 참석자들은 데이터를 근거로 해서 내용을 본다. 회의 참석자 중 한 사람이 보고서에 있는 데이터의 의미와 출처에 대해 질문하는 경우가 있다. 데이터를 잘못 사용했거나, 데이터의 해석에 다른 의견을 갖고 있는 경우이다. 의문을 제기한 참석자 의견에 논리가 있을 경우 다시 원점에서 회의가 진행되는 경우가 흔히 있다. 데이터의 활용도 중요하지만, 핵심은 이러한 데이터를 '어떻게 해석하느냐'이다. 해석이 잘못된 상황에서 전략과 전술을 구사하는 것은 위험하다. 군대에서 포병이 잘못된 좌표를 갖고 표적에 포격하는 것과 같다. 잘못하면 아군의 시설물을 파괴하여 아군을 죽일 수 있다. 데이터는 분석자의 정확한 해석을 거쳐야 비로소 유의미한 정보로 재탄생한다.

거짓말쟁이들은 숫자를 어떻게 이용할까 궁리한다

이제 빅데이터 시대라고 한다. 데이터의 중요성이 증가하고 있다. 향후에는 모든 일의 기반은 데이터를 근거로 추진될 것이다.

초기에는 데이터를 모으고 분석하고 하는 일들을 전산, 통계 쪽 분야 인력들이 했지만, 이제는 각 영역 전문 인력이 데이터를 분석하는 일에 투입되고 있다. 취합한 데이터를 어떻게 해석할 것인가가 중요하기 때문이다.

보고서에 통계데이터를 많이 인용하는데, 통계는 복잡한 사실을 한마디로 요약해서 말할 수 있게 해준다. 눈에 보이지 않는 관계를 알려주고, 의사결정을 쉽게 하게 한다. 하지만 통계 수치를 있는 그대로 보지 않고, 자신의 주장을 뒷받침하기 위해 멋대로 해석하는 경우가 있다.

스웨덴 수학자이자 작가인 안드레예스는 "통계로 거짓말하기는 쉬워도, 통계 없이 진실을 말하기는 어렵다."라고 했다. 정확한 통계는 보고서의 설득력을 높인다. 가장 중요한 것은 데이터를 정확하게 해석하고 정확한 수치를 활용해야 한다는 점이다.

보고서의 내용에 치중하다 보면 활용된 원천 데이터가 '맞겠지' 하고 넘어가는 경우가 있다. 그런데 보고 과정에서 원천 데이터가 틀려 다시 보고서를 변경해 보고하는 경우가 간혹 발생한다. 무슨 자료를 근거로 원천 데이터가 들어갔는지 확인해야 한다. 근본이 흔들리면 의사결정에 결정적인 영향을 미치기 때문이다. 미국의 통계학자 캐럴

라이트는 "숫자는 거짓말하지 않는다. 그러나 거짓말쟁이들은 숫자를 어떻게 이용할까 궁리한다."를 새겨 봄직하다.

정부에서 2019년 2월에 발표한 OECD 경제성장률 통계에 대한 해석이 입방아에 올랐다. '미국을 제외하면 한국의 경제성장률은 OECD 국가 중 1위'라고 발표했다 그러나 OECD 회원국 36개 국가 중에 당시에 4개국만 성장률을 발표한 상황에서 한 얘기였다. 이후에 밝혀진 실제 성적은 18위였다고 한다. 이러한 통계를 바탕으로 의사 결정을 한다면 첫 단추가 잘못 끼워지는 형편없는 결과를 초래한다.

백분율(%) 사용을 조심하라

백분율(%)이 들어가 있는 경우, 분자와 분모가 무슨 데이터이고 의미가 무엇인지 확인해야 한다. 분모의 표본 데이터의 적절성도 따져야 한다. 백분율은 비율을 나타내는 방식이기 때문에 비교 대상이 있을 것이고, 기간에 대한 데이터이면 기간의 정확도와 의미를 따져야 한다.

정부에서 공표하는 공지에도 분모를 명확하게 명시하지 않아 기삿거리가 된 적이 있다. 2020년 코로나 발병 초기에 코로나-19 확진자 숫자에서 분모에 해당하는 검사 모집단을 이야기하지 않고 분자인 확진자만 발표한다고 이슈가 된 적이 있다. 또한, 주말이나 공휴일에 검사 모집단이 줄어드는 것도 통계의 왜곡 현상을 가져올 수 있다고 말했다.

관심이 많은 이동통신 요금제에서도 문제가 된 적이 있다. 선택 약정 할인율 이야기다. 선택 할인율이라는 것은 특정 요건을 만족하는 사용자가 매월 납부하는 통신비를 할인받는 제도이다. 통신비 할인율을 정할 때 분모와 분자의 의미를 명확하게 해 두지 않아 문제가 발생하였다. 정부가 조정 가능한 범위를 산정했다. 정부 고시 내용은 "기준 할인율 100분의 5 범위에서 가감할 수 있다."라고 했다. 문제는 100에 해당하는 분모가 무엇을 의미하는지 명확하게 명시해 놓지 않아 문제가 발생한 것이다. 정부에서 조정은 5% 내라고 했을 때, 분모에 해당하는 수치가 전체 통신비의 5%인지, 아니면 이동통신사에서 조정할 수 있는 할인율 상한선을 100으로 보았을 때 5%인지가 문제 되었다.

전자신문 2017년 7월 9일 기사에는 "통신비 인하를 두고 정부가 법 뒤에 숨었다. 법을 보면 할인율을 정한 이후 '100분의 5 범위 이내에서 가감'한다고 했다. 기존 할인율이 20%였으니 21%가 맞다. 그런데 정부는 '숫자 5를 더하라는 뜻'이라며 대뜸 25%를 내놓았다"라고 주장했다.

보고서나 협상 테이블에 올라오는 데이터는 그 의미를 근본적으로 따져 해석의 혼란을 제거해야 한다. 원천 소스가 틀리면 그 보고의 기반이 흔들린다. 적절한 의사결정을 수행하려면 상황을 직시하고 정확히 판단해야 한다. 이를 위해서는 여러 근거 데이터를 활용하는데 원천 소스의 정확성을 확인한 후에 맥락에 맞게 다각도로 분석하고 이해한 후에 활용해야 한다.

팀장은 마지막으로 체크해 줄 보루다

팀 내에서 다른 팀원이 작성한 보고서 데이터를 가지고 의문을 제기하는 경우는 별로 없다. 다른 팀원이 전체 그림을 알기도 어렵지만, 각자 하는 일에 빠져있기 때문이다. 상사도 대부분의 경우 실무자가 잘 검토했으리라 생각하고 지나간다. 보통 상사는 맥락을 보고, 큰 그림 상에서 의사결정을 한다.

보고서가 팀 밖으로 나가는 경우 논리적으로 맞지 않을 때 지적당할 수 있다. 대부분은 해당 부서에서 잘 검토했을 것이라고 생각하고 지나치는 경우가 많다. 하지만 논리적으로 의심이 들 때 다시 원점에서 데이터를 봐야 한다. 만일 상사에게 보고하는 자리에서 지적당하면 보고 전체를 의심받을 수 있다. 결국, 팀에서 생산된 자료를 마지막으로 검토할 수 있는 사람은 팀장밖에 없다. 팀장은 보고에 들어가는 수치와 데이터의 마지막 검토자가 된다. 평상시 팀에서 데이터의 중요성을 일깨우고, 팀원들이 세밀하게 찾아보고 작성할 수 있도록 지속적으로 중요성을 강조할 필요가 있다.

보고서의 숫자를 조금만 다시 검토하면 결정적인 실수를 막을 수 있다. 데이터의 정확성은 의사결정에서 중요한 역할을 한다. 보고에 사용되는 데이터와 통계 분석 자료를 점검할 수 있는 마지막 보루는 팀장이라는 사실을 명심하자.

회의, 그 사람의 요약본을 볼 수 있다

"본부장님! 최 팀장 아주 스마트하던데요."

필자가 본사 기술 본부장으로 근무할 때, 기업사업 마케팅을 담당하는 본부장이 이런 얘기를 들려준다.

"어떻게 아셨죠?"

"아니 저번에 프로젝트 회의할 때 보니까 그 친구 제안하는 게 큰 도움이 되었어요. 우리도 그 문제를 알고는 있었지만, 어떻게 해결할까 고민했는데, 최 팀장이 지적해주고 좋은 방안도 제시해주어 큰 도움이 되었어요. 최 팀장에게 칭찬 좀 해 주세요."

본부장으로서 이런 이야기를 듣는 것은 뿌듯하다.

또 다른 사례를 보자. 부문장이 본부장 회의 마무리에 추가적인 의견을 제시한다. 회사에서 중요한 업무가 떨어졌는데, 이를 맡을 팀을 만들고, 이 팀을 이끌 적임 팀장을 물색 중이라고 했다. 그런데 이 때 부문장이 생각하고 있는 팀장 이름을 불쑥 내놓는다.

부문장　"박○○ 팀장은 어떠세요?"

A본부장　"네, 그 친구는 일을 야무지게 잘합니다. 열정이 있고, 일을 맡기면 반드시 해내는 스타일입니다. 이번 프로젝트를 박 팀장에게 맡겨보는 것은 좋을 것 같습니다."

B본부장　"박 팀장이 일 잘하는 것은 알지만, 제가 경험한 것으로는 조금 다른 면이 있습니다. 이번 프로젝트는 여러 본부의 협조를 얻어 수행해야 가능한 일입니다. 그런데 박 팀장은 회의 때 보니 주장이 너무 강한 것 같고 동료들과의 소통에도 다소 어려움이 있다고 들었습니다. 신생팀은 여러 조직과 협력하고 협조를 얻는 게 중요한데, 그런 일을 잘하는 다른 팀장을 선임하는 게 좋겠다고 생각합니다." 라고 의견을 내었다.

　자, 조직에서 새로운 자리가 생겨 팀장 선임을 검토하는 단계에서 이런 의견들이 나온다. 통상적으로 팀장 평가는 회의나 본부장 모임에서 자연스럽게 나오는 내용이다. 본부장이 다른 본부의 팀장을 다 잘 알 수는 없다. 하지만 주로 회의나 회사의 다른 활동에서 보고 들은 것으로 판단한다.

　타 본부장은 누구를 추천할 때 회의에서 의견을 내는 태도와 질문의 수준을 듣고 느꼈던 것을 근거를 추천하고 평가하는 게 대부분이다. 회의 때 어떤 의견을 내고, 태도가 어떤가를 가볍게 볼 일이 아니다.

회의가 단지 회의로서 끝나지 않는다

회의는 자신을 보여주는 것이고, 기본적인 태도를 보여주는 것이다. 회의의 횟수가 그리 많지 않더라도, 바로 그 몇 번 본 것으로 그 사람을 판단한다. 회의를 통해 나의 좋은 이미지는 오래가지만 반대로 나쁜 이미지가 있었다면 회복하는 데 상당한 시간이 걸린다.

회의가 열렸을 때 주제에 맞는 올바른 의견을 내는 것은 중요하다. 그렇다고 회의 주관자의 의견에 따르라는 것은 아니다. 바람직한 모습은 회의 주제에 맞게 객관적으로 회의에 도움을 주고, 다른 시각에서 발전적인 의견을 제시하여 회사에 기여하는 의견을 내는가에 달렸다. 어느 경우에는 부딪쳐 가며 자신의 의견을 주장할 필요도 있다. 좋은 게 좋은 거지라는 상황에 만족하는 의견을 내면 안 하느니만 못하다.

풍기는 이미지도 중요하다. 참여의 기본적인 태도는 소극적이거나 관료적이 아니라 적극적이고 진취적일 필요가 있다. 경력이 오래된 리더가 흔히 보일 수 있는 관료적이고 다 아는 것 같은 태도는 스스로 이미지를 깎아 먹는다. 회의 참석 시 자신이 주장할 의견도 없이 가서 듣고만 있겠다면 시간 낭비이다. 회의에 참석한 사람들에게도 좋은 인상을 남기지 못한다.

회의는 기회이다. 기회가 주어졌을 때 의견을 드러내야 한다. 단순히 정보를 전달하는 모임이 아니라면 회의나 토론 시 의견을 제시해야 참석의 역할을 하는 것이다. 멍석을 깔아주었을 때 얘기해야 한다. 이때는 참석자들도 의견을 들을 준비가 되어있다. 회의가 길어진다고 느끼는 상황에서 이미 나온 의견을 반복하거나 쓸데없는 말로 짜증나게 하면 안 된다. 말할 때와 안 할 때를 구분할 줄 알아야 한다. 다들 이제 그만해도 되겠다는데 유사하거나 반복되는 말은 생산성이 없다. 다들 듣고 싶어 할 때 말할 수 있어야 한다. 필요할 때 의견을 낼 수 있도록 준비가 되어있어야 한다.

참석자들은 회의를 통해 그 사람의 능력과 됨됨이를 알아낸다. 회의에 참석한 것에만 머물러 있는지 더 큰 그림을 그릴 수 있는지 드러나게 된다. 평소 고민의 깊이와 폭을 알 수 있다. 회의에서 의제에 맞게 의견을 제시하고 큰 그림에서 갈 방향을 잘 제시하는 리더는 달리 보인다.

조직이 다르면 대개는 팀과 연계되는 팀장 이외에는 접촉할 기회가 그리 많지 않다. 그러나 회의는 다르다. 접촉할 기회가 없는 팀과도 만나는 장소가 회의이다. 회의 주제에 맞게 참석자가 결정되기 때문이다.

팀장이 본부장 그 위의 상사를 만나 의견을 낼 수 있는 기회는 연간 몇 회가 될까? 특히 사장이 주관하는 회의에서 팀장이 의견을 내야 한다면 더없이 중요한 찬스이다. 규모가 있는 회사의 사장이 팀장을 기억할 수 있는 경우는 회의나 보고 시 매우 흥미롭고 설득력이 있는 내용을 말할 때다.

만일 신임 임원 승진 후보를 선발할 때 사장이 기억하는 팀장은 본부장이 쉽게 상사에게 어필할 수 있다. 어느 팀장을 임원 후보로 추천했는데, 결정권자가 "뭐 하는 팀장이지?", "왜 지금까지 내가 몰랐지?"라고 한다면 추천하기가 꺼려진다.

필자는 보고나 회의장에서 노트에 5가지 단어들을 적고, 회의 중에 이 단어를 염두하며 의견을 낸다. 물론 내가 '대빵'이라는 생각을 중심에 두고 본다.

첫째, 큰 그림이다.

보고나, 회의에서 논의하고자 하는 주제를 둘러싼 큰 숲을 본다. 더 크게 보면 놓치고 있는 게 보인다. 짚어 볼 다른 사항이 발견된다.

둘째, 팩트 확인이다.

팩트는 보고서나 회의 시 나오는 여러 근거 데이터 수치이다. 이런 데이터가 맞는지, 출처가 분명한지, 의미를 제대로 해석한 것인지 검토하는 단계이다.

셋째, 질문이다.

회의에서 언급되는 내용 중에 내가 모르는 것이 있는지, 의문이 가는 것이 있는지, 결과 도출에서 짚고 넘어가야 되는 것이 있는지 확인한다. 질문을 찾으려고 하면 몰입도가 높아져 내용을 깊이 해석하게 된다. 논리적으로 맞지 않거나 결과 도출에서 짚고 가야 할 맥락이 더 잘 보인다.

넷째, 다른 생각이다.

회의 내용에 매몰되다 보면 한쪽 방향으로 흐를 수 있다. 다른 대안은 없는지 생각해 본다. 현재 보고서에 제시된 방식이 최선인지, 다른 방식도 가능한지를 생각해 보는 것이다. 이를 의도적으로 해보면 주제의 본질을 파악할 수 있게 된다.

다섯째, 바른 자세이다.

회의에 집중하다 보면 허리가 앞으로 숙여지고 어깨가 처지는 경우를 본다. 바른 자세에서 큰 그림의 생각이 잘 나고, 올바른 생각을 하게 한다. 회의 중에도 자신을 바르게 나타내려고 자세를 고쳐 잡는다. 팀장은 자세부터 다르게 보일 필요가 있다.

회의 후에 어떤 메시지를 남겼는지 자문해 보자. 회의 후에 누가 가장 돋보이겠는가? 회의에서 주제에 맞게 의견을 제시하고, 큰 그림에서 건설적인 다양한 관점의 소견을 제시하는 참여자가 다른 사람에게 좋은 인상을 남긴다. 만일 이런 회의가 팀원들도 참석하는 회의라면 팀장이 이런 행동을 할 때 팀원들은 팀장을 다시 보게 될 것이다. 어떤 팀장을 평가하거나 추천할 때 당연히 먼저 떠오르게 된다. 사람은 누군가를 추천할 때 이성적인 판단에 근거하는 경우가 일반적이다.

회의를 단순히 참석하는 일과성의 업무로 처리하기에는 아까운 시간을 허비하는 것이다. 회의나 보고야말로 팀장이 누구인지 메시지를 남길 수 있는 기회가 된다. 회의의 본질은 의견을 내고 동의를 구해 올바른 결과를 도출하는 과정이다. 회의에 참석했으면 공헌을 하고 부가적으로 참석자에게 좋은 메시지를 남겨야 한다.

주관하는 행사와 회의는 방송 PD처럼 준비하라

아무리 중요한 회사의 행사도 총괄은 본부 등 상위조직이 있지만, 주관하는 부서는 팀이다. 맡은 업무에 따라 빈번하게 행사를 주관하는 팀도 있고 연간 한두 번 하는 경우도 있을 것이다. 어느 경우든 행사는 중요하게 다루어야 한다. 왜냐하면, 행사는 주 업무보다 중요성이 덜 하지만 잘못되면 회사 업무 전체를 망치는 경우가 있기 때문이다. 또한, 실무 책임자는 보통 팀장이다. 행사가 잘못되면 책임자가 입방아에 오르내릴 수 있고, 책임져야 하는 경우도 생긴다.

하나를 보면 열을 안다고 한다. 특히 고객과 이해관계자가 참석하는 회의나 행사는 회사 이미지에도 영향을 준다. 해당 행사의 준비가 소홀하여 나쁜 영향을 준다면 행사 효과는 반감된다. 매끄럽지 못하면 덧칠을 하게 된다. 덧칠이 원래의 이미지를 보완하는 게 아니라 좋지 못한 결과로 이어진다면 회사의 신뢰와 브랜드에 악영향을 미친다.

상사가 참석하는 회의도 이와 유사하다. 팀장이 주관해야 한다면 실수가 없도록 준비해야 한다. 어떤 자세로 준비하느냐에 따라 결과도 달라진다. 팀 업무의 우선순위에 따라 중요한 일부터 하되 최소한 손해 보는 일이 없도록 준비할 필요가 있다. 주관하는 행사에서 오점을 남길 경우 나쁜 이미지는 오래간다. 특히 상사가 주관하는 행사에 실무를 맡았다면 팀장은 더욱 신경 써야 한다.

행사 주관자는 행사 시작부터 끝까지 어떻게 이끌 것인지 시나리오를 갖고 있어야 한다. 행사 준비와 행사 중에 변수가 있다면 어떤 것이며, 어떻게 대처할 것인지도 준비해야 한다. 행사에 걸맞은 어떤 메시지를 남길 건지 복안을 준비해야 한다. 마지막으로, 행사 후에 참석자들에게 어떤 메시지와 회사의 이미지가 남겨졌을지도 생각해보아야 한다. 주관하는 행사를 가볍게 보다가는 큰코다친다.

2019년 5월에 있었던 사건이다. 외교부가 한·스페인 차관급 회담 행사장에서 구겨진 태극기를 세워놓은 담당 과장을 보직에서 해임했다. 서울에서 열린 행사장에서 구겨진 태극기를 세워 의전 실수라는 비판을 받았다. 당시 외교부 차관은 스페인 외교차관과 구겨진 태극기를 배경으로 기념촬영을 했다. 행사 직전 직원 2명이 주름을 손으로 펴보려고 했지만, 역부족이었다고 한다. 나중에 밝혀진 사실이지만 옆 사무실에서 빌리면 될 일이었다고 한다. 행사를 그냥 지나가는 일로 본 게 화근이었다. 행사 전체를 덮는 실수가 되었다.

주관자는 작은 실수가 없도록 철저한 사전 점검을 해야 한다. 시나리오대로 미리 한번 해 보는 것도 중요하다. 동일한 시간대에 동일한 진행 방식으로 해 보는 것은 여러 경우의 수를 줄이는 좋은 방법이다. 프레젠테이션할 때 PC가 작동하지 않거나, 무선 마이크의 배터리가 다 되어 작동되지 않은 경우 등 생각지 못한 돌발 사건들이 나타난다. 그러나 돌발 상황이 발생하더라도 준비하기 나름으로 사전에 방지할 수 있다.

이런 일을 사소한 것으로 여길 수 있다. 어떤 팀장은 이런 일을 팀 본연의 일이 아니라 부가적인 잡일이라고 간주할 수 있다. 그러나 이런 실수가 팀 내 이슈로 끝나지 않고, 조직과 상사에게까지 영향이 미친다면 그냥 지나칠 일이 아니다. 일로서는 잘 드러나지 않을 수 있는 팀장의 일하는 스타일이 드러나게 된다. 만일 사장이나 고객이 참석하는 행사가 된다면 그 여파는 생각보다 클 수 있다.

조금만 신경 쓰면 잘할 수 있는 사소한 일에 덜미가 잡히지 않도록 해야 한다. 잘못된 영향은 팀장으로 끝나지 않는다. 팀 일은 팀원에게도 고스란히 영향을 미친다. 만약 그 일이 조직과 상사에게까지 영향을 미친다면 팀 평가에 폭탄이 될 수 있다. 다 잘해놓고 엉뚱한 데서 망치는 경우이다.

회의도 준비에 따라 결과가 달라진다

팀장이 회의를 어떻게 진행하고 역할에 맞게 수행하는지에 따라 그 조직의 성과를 헤아려 볼 수 있다. 왜냐하면, 팀장의 역할이 회의의 성패를 가늠하기 때문이다. 어떤 팀장은 역할을 제대로 인식하고 회의를 이끌어 가지만, 대부분의 팀장들은 습관적으로 회의를 이끈다. 회의를 피상적으로 배우고 익혀 왔기 때문이다. 회의를 제대로 리드하는 팀장의 조직은 생기가 돌며 성과도 높다.

하지만 리더 스스로 잘한다는 착각에 빠져있거나 회의를 제대로 이끌지 못하는 팀장이 있는 조직의 분위기는 다소 의기소침하거나 활력이 없다. 당연히 그러한 팀장의 성과는 회의를 잘 이끄는 조직에 비해 저조하다. 회의는 조직 활동의 축소판이다. 회의 외에 리더의 스타일과 그에 따른 성과를 명확하게 드러내는 경영 활동은 별로 없다. 회의는 팀장과 팀원 간의 관계뿐만 아니라 조직문화를 비추는 거울이다.

팀 내 회의뿐만 아니라 상사가 참석하는 회의를 팀장이 주관한다면 사전 준비를 잘해야 한다. 회의를 비생산적으로 만드는 요인 중에 하나는 주관자가 회의 준비를 충분히 못한 경우이다. 주관자가 그냥 자료를 회의 시간에 배포하고, 자료의 내용도 본인의 의견 없이 단지 회의 때 여러 사람의 의견을 물어보는 정도로 이끈다면 회의 결과도 그렇지만 여러 참석자들의 시간을 낭비하게 된다.

주관자는 누구보다 철저하게 회의를 준비해야 한다. 참석자들의 의견을 이끌고 공감대를 만들려면 안건을 충분히 숙지하고 있어야 한다. 아이디어가 없어 논의가 진척되지 못하면 주관자가 준비한 아이디어를 제시해야 한다. 참석자들의 욕구를 자극해서 그들이 지닌 아이디어를 끌어내야 할 필요도 있다. 회의 주관자는 먼저 시나리오를 그려보고 시작부터 끝까지 어떻게 이끌 것인지 생각해두어야 한다. 그러면 회의에서 어떤 식으로 토론을 이끌고, 어떤 식으로 합의를 이뤄야 할지 준비가 되고, 결론 도출을 미리 생각해 볼 수 있다.

회의장에서 의견이 심하게 충돌할 것 같으면 사전에 해당 조직과 이견을 조율하는 것도 필요하다. 회의 분위기도 중요하다. 참석자들이 자유롭게 발언할 수 있도록 회의 분위기를 조성해야 한다.

말을 줄이고 질문으로 의견을 구해야 한다

팀장이 주관하는 회의에서는 팀장이 말을 줄여야 한다. 줄일수록 좋다. 조직소통 총량의 법칙이 있다. 리더가 말을 줄여야 구성원의 말이 늘어난다. 구성원이 말을 하지 않는 정적의 순간도 버티고 침묵할 줄 알아야 한다. 이때 누군가는 나선다. 구성원들은 리더에 대해 '간보기'를 할 수 있다. 정말 의견을 듣고 싶은지, "답은 정해져 있으니 너는 대답만 해."라는 요식 절차인지 알아보고 그에 따라 대응한다. 침묵하고 기다리며 깊게 생각할 시간을 주어야 한다. 말을 짧게 하려면 준비가 필요하다.

필자는 회의 시작 전 스스로에게 '무엇을 달성하고자 하는가?', '어떤 결론을 내려고 하는가?', '내 의견이 최선인가?'를 묻는다. 이런 질문을 하게 되면 다른 사람의 의견이 필요하고, 의견을 끌어낼 질문을 많이 하게 된다. 나의 의견보다는 팀원들의 의견에 경청하게 되고 더 좋은 안이 있는지 찾게 된다.

회의에서 팀장이 해야 할 일은 모든 팀원들의 의견을 소중하게 여기고 다루는 것이다. 팀원들이 적극적으로 참여하여 자신의 의견이나 아이디어를 쏟아 놓도록 분위기를 만들어야 한다. 팀장이 어떤 아이디어도 들을 준비가 되어있다는 것을 보여주어야 팀원들은 자연스럽게 의견을 내놓게 된다.

　좋은 질문을 위해서는 사전에 준비가 필요하다. 커뮤니케이션 학자 제임스 루카스는 "리더의 소통에서 결정적 명령과 전달은 전체 소통 비율의 5% 정도면 충분하다."라고 한다. 회의 참가자의 의견을 이끌어 낼 수 있는 질문을 더 많이 하고, 질문을 더 구체화해야 한다. 추상적인 질문을 던지면 구체적인 의견을 끌어낼 수 없다. 어떤 의견을 구하고 있는지 이해하지 못하면 참가자는 침묵으로 일관한다. 회의의 방향을 정확하게 알고 있어야 회의가 진행된다. 이해를 못하고 있다면 정확하게 설명하는 게 좋다.

　가장 중요한 것은 팀장 의견이 있더라도 겉으로 내색하지 않는 것이다. 팀장의 마음속 견해가 노출되는 순간에 토론은 사라진다. 이런 경우는 오히려 자신이 생각하는 것과 반대되는 의견을 제시해 본다. 다른 관점의 견해를 내면, 짚어내지 못한 다른 소견을 들어 볼 수 있다.

　회의, 행사 주관자는 전체 시나리오를 만들어 어떻게 진행하겠다는 뚜렷한 진행 방향이 있어야 한다. 회의 진행 방식에 따라 회의의 결과는 달라진다. 주관자는 방송 PD가 되었다고 생각하고 프로그램을 준비하듯이 해야 원하는 효과를 얻는다.

보고서 작성자에게
충분한 자양분을 공급하라

    회사에서 보고서 쓰고 검토하는 일은 떼려야 뗄 수 없는 통상의 업무다. 팀장은 어쩌면 보고서 검토하는 일에 가장 많은 시간 보낼 수 있다. 상사에게 보고할 때 팀장은 자신이 직접 보고서를 쓰는 경우도 있지만, 주로 팀원들이 쓴 것을 검토하고 보완해서 최종본을 만든다. 팀장이 직접 쓰든지 팀원이 쓰든지 팀 전체로 보면 가장 짧은 시간에 완성도 있는 보고서를 만들어야 한다.

    보고서를 만드는 작업은 자신의 메시지를 명쾌하게 전달하기 위해 생각을 끊임없이 다듬어가는 과정이다. 잘된 보고서를 읽으면 그 보고서가 왜 잘 만들어졌는지 이해가 된다.

    상사에게 한 번에 보고가 완료되지 못하면 보완하느라 많은 시간을 허비하게 된다. 보고서 완성도에 따라 상사는 팀장이 평소 일을 얼마나 야무지게 하는지 간접적으로 파악할 수 있다. 비록 팀원이 본부장에게 보고하는 경우라도 보고자는 팀원이지만 보고가 잘되거나, 못되거나 그 책임은 팀장에게 있다. 보고의 검토자는 팀장이기 때문이다. 보고가 잘못되었다면 검토자인 팀장이 잘못 검토한 것이다. 따라서 팀장이 직접 보고하든 팀원이 상사에게 보고하든 팀 밖으로 나가는 보고서는 팀장이 챙겨야 한다. 팀 밖으로 나가는 보고서는 팀장의 얼굴이다.

보고서를 잘 만들기 위해서는 결국 팀원이 보고 내용을 잘 알고 있어야 한다. 알고 있는 게 제한적이면 보고서를 작성해도 제한된 보고서밖에 작성할 수 없다. 팀장이 보고 받고 마무리되는 경우가 아니라면 문제가 달라진다.

보고서 작성 시 처음부터 구도를 잘 잡아야 한다. 잘못된 보고서를 여러 번 수정하느니 다시 처음부터 구도를 잡는 게 나을 수 있다,

보고서의 독자는 상사이다

상사의 궁금증을 풀어주는 것이 보고서의 본질이다. 상사는 의사 결정권자이다. 내가 하고 싶은 것만 서술하지 말고 의사 결정권자가 궁금해할 것이 무엇인지 파악하고 보고서를 작성해야 한다. 의사 결정권자가 수요자다. 수요자 중심의 보고서를 써야 한다. 공급자 위주의 보고서는 상사에게 많은 고민을 하게 한다. 이런 보고서는 상사가 다시 보고 내용을 정리하게 만든다. 상사도 그 위 상사에게 보고하는 경우라면 더욱 그렇다. 상사를 배려하는 보고서가 되어야 한다. 상사를 연구하는 직원들이 보고서를 잘 쓸 수밖에 없다. 상사와 소통이 어려우면 상사가 가진 정보를 공유받을 수 없다. 보고서에 대한 상사의 피드백과 코칭을 받지 못하게 된다.

상사도 그 위에 있는 상사에게 칭찬받을 수 있는 보고를 원한다. 그렇다면 팀장은 보고서 작성자가 잘 쓰기 위해서 충분한 정보를 팀원에게 제공해야 한다. 작성자는 상사가 무엇을 궁금해할 것인지 알아야 궁금증을 해결할 수 있는 보고서를 작성할 수 있다. 보고서를 잘 쓰기 위해서 팀원에게 제공해야 할 다음 3가지 조건을 염두에 두어야 한다.

첫 번째, 팀장이 먼저 충분히 소화해야 한다.

상사 지시로 보고서를 작성한다면, 팀원한테 전달하기 전에 팀장이 먼저 맥락을 파악하고 방향을 정해야 한다. 팀장도 방향을 정할 수 없는 상사의 지시를 팀원에게 내린다면 상사의 의도와는 다르게 진행될 수 있다.

상사의 지시를 전달하는 방법은 상사가 말한 것을 요약하여 그대로 전달한 이후에 팀장이 생각하는 방향성을 이야기해 주어야 한다. 팀장의 요약이 잘못되면 맥락이 틀어지기 시작한다. 상사의 말귀를 잘 알아들을 필요가 있다.

어떤 지시사항은 상사도 확신하지 못하고, 이를 들은 팀장도 방향성을 정하지 못할 때도 있다. 이런 경우 솔직하게 팀원에게 팀장이 알고 있는 내용을 드러내 주어야 한다. 모르는 것을 아는 것으로 포장해서 하다 보면 방향성이 틀려 시간이 지난 후에 고생한다. 팀장도 잘 알지 못하는 이러한 경우는 팀원들과 같이 생각해보고, 그래도 방향성이 잡히지 않으면 지시를 내린 본부장에게 그때까지 고민한 내용으로 중간보고하고, 잘 풀리지 않은 것을 솔직하게 말하여 다시 의견을 구하는 것이 좋다.

두 번째, 평상시 상사와 접촉 기회를 많이 만들어라.

보통 사장실 출신 구성원이 빠르게 승진한다. 최고 경영자의 이야기를 자주 듣고 회사 전반적인 경영의 흐름을 체득하기 때문이다. 경영의 프로세스를 체득하면 어떤 일을 하든지 일을 바라보는 관점이 다르기 때문에 성과도 다르다. 가능하다면 상사에게 보고 시 해당 팀원을 배석하게 한다. 팀원의 보고 능력을 키워주는 훌륭한 방법은 상사에게 보고하는 자리에 함께 데려가는 것이다. 자기가 쓴 보고서가 어떤 식으로 전달되고 어떻게 받아들여지는지 직접 보여주는 것만큼 좋은 교육은 없다. 의견을 듣고 전달하는 것보다는 되도록 같이 듣는 환경을 만드는 것이 시간을 줄이고 정확한 맥락을 읽게 한다.

세 번째, 작성자 본인이 자기 검열할 기회를 주어라.

보고서를 직접 읽게 한다. 그러면 논리의 흐름이 어렵거나 중요한 것이 빠졌거나 추가해야 할 내용이 보인다. 또한 보고서를 올리기 전에 이 일과 관계없는 사람에게 보고서를 보여주어 간단하게 검열하게 한 다음 보고하는 것도 한 가지 방법이다. 다른 팀원이 이렇게 검토해 주는 것은 많은 시간을 들이지 않고 보고서의 오류나 미비점을 객관적으로 체크할 수 있는 방안 중 하나다.

보고를 누가 할 것인지도 중요하다

상사에게 보고할 때, 누가 보고자가 될 것인지도 중요하다. 보고 내용을 잘 전달하여 의사결정을 받기 위한 일반적인 보고도 있지만,

성과가 있어 이를 자랑하고 칭찬받을 보고도 있다. 필자는 상사에게 보고할 때 보고자 결정 기준을 두 가지로 정했다.

먼저 칭찬받을 수 있는 보고는 담당자가 직접 상사에게 보고하게 했다. 이렇게 하는 이유는 칭찬받는 보고를 직접 당사자가 하게 함으로써 상사로부터 격려를 받아 자신감이 생기고, 어떤 일이든 주도적으로 하려는 마음이 생긴다고 보았다. 일은 주도성을 갖고 해야만 완성도가 올라간다.

보고를 받고 상사가 의사결정을 해야 하거나, 책임이 수반되는 보고의 경우는 팀장이 직접 보고하거나 참석했다. 보고 과정에서 팀장의 입장으로 의견을 말하고 상사의 의사결정에 참여하며 결과의 책임도 지겠다는 역할과 책임을 보여야 한다. 상사는 분명히 보고받는 과정에서 보고서에 없는 궁금한 점이 있을 것이고 팀장의 의견을 구할 것이기 때문이다. 이런 보고 자리에 팀장이 직접 참석하지 않고 팀원만 보내는 경우에 상사는 팀장이 일의 우선순위를 모르고 있다고 생각하게 된다.

이것을 거꾸로 하는 팀장도 있다. 상사에게 팀원이 칭찬을 받을 수 있는 기회를 가로채거나 상사에게 일의 책임을 떠넘기는 듯한 팀장은 되지 말아야 한다.

보고는 보고 한 것으로 마무리되지 않는다

보고의 피드백을 받아야 그다음을 진행할 수 있다. 필자가 근무할 때 어떤 본부장이 팀장을 나무랐다. 팀장이 본부장의 의사결정을 기다리다가 막바지에 와서 본부장에게 보고 안건에 대하여 오늘 결정해야 한다고 "어떻게 할까요?"라고 한 것이다. 본부장은 그때 다른 중요한 회의에 참석하려고 준비 중이었는데, 급하게 팀장의 의사결정을 요구받고 짜증이 나는 표정을 지었다. "그렇게 바쁘면 미리 얘기해야지 왜 막판에 그렇게 하는가!"라고 꾸짖었다. 그리고 본부장은 "팀장은 보고만 하면 상사가 알아서 다 해 주어야 한다고 생각하면 되느냐?", "본부장이 알아듣도록 보고를 하고 의사결정을 받아야지, 지연이 되면 다시 요청해야지. 한번 슬쩍 보고하고 그냥 기다리는 것이 맞느냐?"라고 나무랐다. 그렇다. 상사는 바쁘다. 그리고 중요한 것부터 먼저 한다. 의사결정을 미룰 수도 있다. 그러다가 잊어버릴 수도 있다. 본부장마다 차이는 있겠지만 시간을 갖고 다시 본부장에게 요청해야 한다.

어떤 이슈에 대해 팀장이 상사에게 내용을 보고한 뒤 '보고 의무는 마쳤으니 이제 판단은 상사가 내릴 것'이라 생각하고 기다리면 오산이다. 일이 지연되거나 문제가 생기면 자연스럽게 상사를 탓하게 되는 경우가 있다. 하지만 상사 역시 사람인 이상 모든 것을 기억하기 어렵다. 또한, 팀장이 생각하는 사안의 중요성과 본부장이 생각하는 것은 다를 수 있다. 결정이 지연된다면 본부장 의견은 어떤 건지 반드시 재차 요청하고 의사결정을 받아야 한다. 언제까지 처리되어야 한다고 재차 알려야 한다. 그래야 상사도 생각하고 결정을 내릴 것이다. 요즘은 대면하지 않아도 된다. 간단하게 메일을 쓰거나 휴대폰으로 단문 메시지를 보내는 것으로 충분한 회사도 많다.

보고서 완성도에 따라 상사는 팀장이 평소에 일을 얼마나 야무지게 하는지 파악한다. 사소한 것 하나에도 일을 대하는 기본적인 자세나 역량이 드러난다. 현명한 팀장은 보고서 작성 하나하나에도 디테일에 신경을 쓰며 최고의 능률을 올린다. 한 번에 보고가 완료되지 못하면 보완하느라 더 많은 시간을 허비하게 된다. "신은 디테일에 있다."라는 말이 있듯이 디테일을 향해 파고드는 사람만이 가장 시간을 효율적으로 활용할 수 있다. 작은 실수 하나는 그저 실수 하나에 그치지 않는 차이를 만든다.

덮고 보고 받기

팀장은 보고를 하거나 보고를 받는 위치에 있다. 보고하는 것도 잘해야 하지만 보고 받는 것도 그에 못지않게 잘해야 한다. 어느 것이든 보고 내용의 본질을 정확하게 공유하고 바른 의사결정을 하고자 하는 목적에서는 같다. 단지 보고자와 보고받는 사람의 관점이 다를 뿐이다. 특히 팀장이 보고 받은 내용을 다시 상사에게 보고해야 한다면 보고받을 때 잘 받아야 한다. 보고할 것을 염두에 두고 보고를 받으면 궁금한 게 다르다.

보고를 잘하는 사람과 못하는 사람의 차이는 뭘까? 보고를 잘하는 사람은 먼저 상사가 궁금한 것부터 해소시켜준다. 메시지를 전달하되 상사가 궁금한 것을 우선순위에 둔다. 그러려면 상사가 무엇을 궁금해하는지 사전에 알아야 하고, 그에 맞도록 보고서도 작성해야 한다. 자신의 상사가 최종 결정권자가 아니어서 상사도 다시 그 위 상사에게 보고해야 한다면 그에 맞게 보고하고, 상사의 피드백을 받아 다시 보고서를 수정해야 한다.

상사에게 맞게 보고한다는 것은 상사가 이 보고를 받고 난 다음에 뭘 해야 하는가를 알고 그것에 맞게 보고 해 주는 것이다. 이는 바로 보고받은 상대방이 구조화할 수 있도록 보고를 해주는 것이다. 구조화된 보고라는 것은 상대가 보고 내용에 대해 부분적으로 알고 있거나, 알고 있는 내용이라도 연결이 되지 않은 것들을 연결시켜 통일된 한 덩어리로 만들어지게 하는 것이다. 결국, 구조화된 보고가 되려면 가장 먼저 상대가 궁금해하는 것부터 알려주고, 그 사람이 갖고 있는 정보와 연결이 잘 되게끔 보고해야 한다.

구조화시켜 보고받자

팀에서 팀원이 구조화된 보고를 하지 않았을 때 팀장은 어떻게 하겠는가? 팀장이 알아듣도록 팀원들이 보고해 주면 고맙겠지만 그렇게 보고되지 않을 때는 팀장이 스스로 구조화시켜 보고를 받아야 한다. 구조화를 잘 시키기 위한 방법이 '보고서 덮고 보고받는 방법'이다. 팀장은 보고 제목만 보고, 해당 제목에 대하여 팀장이 갖고 있는 궁금증과 의문점을 먼저 보고자에게 질문한다. 팀장 자신의 궁금증이 풀린 이후에 보고자가 하고 싶은 내용을 말할 수 있도록 시간을 준다. 질문과 답변 과정에서 언급되지 않은 주요 내용이 있다면 추가로 보고자가 설명할 수 있는 시간도 배려해야 한다.

통상적으로 보고 내용은 다시 본부장, 그 위 상위자에게 보고된다. 이 보고가 마무리될 때까지 여러 사람의 이해를 구하고 협력을 이끌어내야 한다. 따라서 한 번 보고받을 때 팀장은 내용을 완전히 이해하고, 여기에다가 팀장의 의견을 같이 버무려서 구조화하는 작업이 필요하다. 이때 '보고서를 덮고 보고받기'는 구조화를 가능케

하는 좋은 방법이다.

　보고서를 덮고 보고 받아보면, 보고 내용에 궁금한 것을 질문하고, 알아가는 과정에서 전체를 빠르게 파악할 수 있다. 또한, 보고를 하는 경우에도 '보고서 덮고 요약 보고'를 해보면 뭐가 부족하고 보완해야 하는지 알 수 있다.

　팀장이라고 다 아는 것은 아니다. 어떤 과제에 대해서는 사전에 공부할 필요가 있다. 이런 경우에는 보고 받기 전에 보고서를 빠르게 검토하는 것도 크게 도움이 된다. 팀장이 보고서를 한번 빠르게 훑어보는 시간은 보고 받는 시간에 비해 훨씬 짧다. 필자가 아는 상사는 보고하기 하루 전에 보고서를 먼저 제출하게 하여 검토한 후에, 보고받을 때는 핵심 위주로 토의에 들어갔다.

덮고 보고받기는 '말하는 공부방'이 된다

　왜 이런 방법이 유용할까? 일반적으로 보고서를 보면서 설명을 들으면 보고 흐름에 따라가고, 쓰인 내용에만 초점이 맞춰지기 때문에 관점을 달리하거나 다른 생각을 하는 것을 어렵게 한다.

　팀장이 보고받은 내용을 본부장에게 보고하려고 할 때 미처 확인하지 못한 다른 궁금한 것이 또 생긴다. 보고 받는 상대가 다르기 때문에 궁금한 내용도 다르다. 팀장은 보고를 받는 입장이 되기도 하고, 보고를 하는 입장이 되기도 한다. 예상되는 본부장의 질문에 답하기 위해서 팀장은 본부장 입장에서 의문을 갖고, 질문이 될 수 있는 사실들을 확인하고 들어가야 한다. 따라서 보고받을 때부터 보고 주제에 대하여 당연히 질문이 될 수 있는 것부터 궁금한 사항을 챙겨야 한다. 그다음에 추가로 보고자가 주장하고 싶은 내용과 고민되었던 사항을 듣는다면 내용을 빠르게 파악할 수 있다. 이렇게 보고를 받으면 전체가 한 덩어리로 정리가 된다. 이런 방법에 따르면 결과적으로 보고 내용을 빠르게 파악할 수 있고 의사결정을 제대로 내릴 수 있다.

이스라엘의 유대인 교육방식인 하브루타에도 이러한 질문 방식이 녹아 있다. 하브루타는 둘씩 짝지어 대화, 토론, 논쟁하는 교육을 뜻한다. 한 사람이 물어보면 다른 사람은 대답하고 때로는 궁금하거나 주장에 허점이 있을 경우 지적해주기도 하는 유대인의 전통적인 교육방식이다.

소통을 하며 답을 찾아가는 과정에서 다층적으로 지식을 이해하고 문제를 해결할 수 있다. 이러한 과정에서 새로운 아이디어와 해결법을 도출할 수도 있다. 덮고 보고받는 방식도 질문을 통해 의문점을 해소하고 토의하는 과정을 거쳐 의사결정의 답을 찾는 데 도움을 준다.

EBS 교육방송에서 토의와 질문하기가 생각을 정리하는 데 얼마나 효과적인지 실험을 했다. 두 개의 방에 학생을 나누어 배정한 다음 역사책을 주고 3시간 동안 공부하게 해서 1시간 시험을 치르게 했다. 각 방에 공부하는 방식은 달리했다. 한 방은 '조용한 공부방'으로 각자 독서실과 같이 조용하게 공부하게 했고, 다른 방은 '말하는 공부방'으로 2명이 짝을 이루어 각자 설명하면서 질문하는 방식으로 공부하게 했다.

결과는 놀라울 정도로 달랐다. '조용한 공부방'에 비해 '말하는 공부방'의 학습능력이 거의 2배로 뛰어났다. 말로 설명을 하면 내가 아는 것과 모르는 것의 구분이 명확해지고 내가 알고 있는 지식들의 원인과 결과의 인과관계를 그리면서 정리가 되기 때문이다.

또 다른 실험도 이것을 입증한다. 공부한 지 24시간 후에 기억에 남아 있는 비율을 실험한 세계적인 행동과학연구소 NTL(National Training Laboratories)에서 발표한 내용이다. 듣는 공부는 24시간 후에 남아 있는 기억이 5%에 불가하지만, 서로 설명하는 말하기 공부는 90%가 남았다고 한다.

보고서를 덮고 요약하여 구두로 설명하도록 하면 보고자의 설명에서 오류가 보이고 보고 내용에 대해 완전히 새로운 관점을 갖게 된다. 보고자는 보고 도중에 내가 뭘 모르고 뭐가 부족한지도 알게 된다. 이러한 방식은 이슈에 대해 집중하게 하며, 추리력을 날카롭게 하며, 생각을 말로 발전시키며 논리적인 논쟁으로 그의 생각을 정리하도록 돕는다. 따라서 모호하게 유지될 수 있는 아이디어에 정밀성과 명확성을 부여한다. 이게 자신이 아는 것과 모르는 것을 자각하여 스스로 문제점을 찾아 해결해 내는 메타인지를 높이는 한 방법이기도 하다.

덮고 보고받는 것도 단계가 있다

필자는 덮고 보고받기를 4단계로 나누어 진행했다.

첫째, 보고 주제만 보고 궁금한 사항부터 질문한다.

둘째, 이번 보고서를 통해 보고자가 말하고자 하는 핵심 내용을 물어본다.

셋째, 보고자에게 보고서 내용 중 언급되지 않았지만, 작성 시 고민되었던 다른 사항이 있는지 알아본다.

넷째, 보고서 전체를 간략하게 리뷰하면서 의사 결정한다.

이렇게 했을 때 몇 가지 장점이 있다.

첫째, 보고서 전체를 빠르게 파악할 수 있다.

팀장이 능동적으로 보고를 받음으로써 보고 시간이 반 이상 줄어든다. 팀장이 해당 내용에 대해 지금까지 갖고 있던 사항과 다른 내용이 있다면 먼저 질의하여 알아볼 수 있다. 보고 내용을 '대관세찰(大觀細察)'로 빠르게 파악한다. '대관'은 보고의 본질 즉 중심축을 알아보고, '세찰'은 이번 보고서의 차별화되는 내용에 대해 깊이 있는 질문으로 파헤치는 과정이다. 무슨 목적을 달성하려고 하는지 알 수 있다. 궁금한 사항부터 한다는 것은 핵심 내용부터 짚어보는 것과 같다. 사안에 따라서는 보고 자료를 미리 받아 먼저 간략하게 파악한 후에 보고를 받으면 보고자와 자료 정보의 격차를 줄여 바로 본론으로 들어가게 된다.

둘째, 제대로 의사결정을 할 수 있다.

보고자가 고민한 것에 대해 말할 기회를 주면 상사가 간과하기 쉬운 내용에 대해 보고자의 관점에서 볼 수 있게 한다. 이번 보고서에서 고심되었던 것이 어느 분야인지, 왜 중요한지를 파악하고 의견이 다르면 다른 것에 대한 토의를 통해 제대로 된 의사결정을 할 수 있다. 또한, 이런 과정에서 내용에 대한 보고자의 확신을 읽을 수 있다. 보고자의 태도에서 해낼 수 있는지 자신감을 느낄 수 있다. 상대의 눈빛만 봐도 마음을 읽을 수 있다고 하지 않은가? 보고도 마찬가지라고 생각한다. 보고자가 내용에 대해 굳게 믿거나 믿게 할 만한 자신이 없으면 상사의 눈을 피한다고 한다. 보고서만 보고 전달하는 것이 아니라 보고서를 덮어놓고 보고받으면 자연스럽게 보고자의 확신과 자신감을 읽을 수 있다.

셋째, 구조화시켜 체계적으로 저장된다.

궁금하고, 모르는 것을 먼저 질문하게 된다. 이는 팀장 자신의 구조에서 연결고리를 만드는 과정이다. 질문과 응답을 통해 팀장이 지금까지 알고 있던 내용과 추가하거나 수정하여 정리된 내용을 연결할 수 있다. 이렇게 보고 받은 팀장이 다시 상사에게 보고한다면 이미 구조화된 내용으로 보고할 수 있다. 보고 과정에서 상사의 다양한 질의에도 답변하고 의견을 제시할 수 있다.

넷째, 팀원의 업무 역량이 높아진다.

보고하는 과정에서 팀원과 팀장은 보고 내용에 관련된 상당한 깊이와 폭을 상호 교환한다. 상사의 경험에서 나오는 질문은 보고 내용에 대해 다른 관점을 제공하고, 보고자가 고민한 것은 상사에게 새로운 시각을 제공한다. 다른 관점과 시각은 보고 내용을 입체적으로 파악할 수 있게 한다. 보고서의 본질에 더 접근할 수 있다. 보고를 통하여 매끄럽지 못한 것도 발견하고 들어가야 할 내용이 빠진 것도 찾을 수 있다.

'보고서를 덮고 보고받기'는 고도리 게임에서 '일 타 3피' 이상의 효과가 있다.

3차례에 걸쳐
다른 시각으로 검토하기

보고는 팀장의 가치를 드러낼 수 있는 또 다른 기회이다. 보고 과정을 통해 분석력, 판단력, 창의력, 업무능력, 소통 능력 등이 드러난다. 제대로 된 보고는 전체적인 업무의 효율을 높여 조직의 업무 진행에 도움을 준다. 보고를 잘하면 일을 수월하게 풀어 갈 수 있을 뿐만 아니라 능력을 인정받을 수 있다. 보고는 사실을 잘 전달하는 것에 머무는 것이 아니다. 보고는 사실과 의미를 잘 공유하고 의논을 통해 문제 해결 방법을 찾아가는 기술이다.

보고에는 두 가지가 있다.

첫째, 상사의 지시에 의해 보고하는 경우이다. 이는 지시한 내용을 정확하게 인지하는 것에서부터 출발한다. 상사의 지시로 이루어지는 일은, 타인의 의도에 따라 수동적으로 지시를 받았기 때문에, 지시 의도를 제대로 이해하지 못하면, 만족스럽지 못한 결과가 나올 확률이 높다.

둘째, 상사의 승인을 받거나 현황을 알리기 위해 올리는 보고이다. 밑에서 올라가는 현장 이슈 사항을 보고하는 경우가 이에 속한다. 이런 보고에서 팀원은 어떤 사안에 대해 "문제가 있습니다."라고 보고할 수 있지만, 팀장은 문제 제기만으로 그치는 사람이 되어서는 안 된다. 팀장은 "문제가 생겼는데 그것을 해결할 만한 몇 가지 방안이 있습니다. 그중에 제가 추천하는 방안은 이것인데, 이유는 다음과 같습니다."라고 말할 수 있어야 한다.

보고가 잘못되면 상사와 관계가 껄끄러워지고, 상사는 팀장 업무 능력에 의문을 제기한다. 이러한 상황이 반복되면 팀장은 상사의 업무적 지시에 더욱 큰 압박을 받게 되며, 원활한 보고로 이어지기 어려울 정도의 악순환이 발생한다. 보고는 소통이다. 잘된 보고를 통해 일의 효과도 높이고 자신의 가치도 높이는 기회가 되도록 해야 한다.

같은 주제일지라도 보고받는 상사에 따라 관심 분야가 다르다. 같은 보고서라도 상사에 따라 강조해야 할 내용이 달라야 한다. 보고받는 상사에 따라 다른 관점이 있기 때문이다. 보고 내용에 대해 상사가 알고 있는 정도에 따라 상사의 궁금증과 우선순위가 다르고 질문도 다르다.

따라서 단지 보고하고자 하는 내용만 알아보고 피상적으로 보고를 준비한다면 이는 보고준비가 10% 정도 된 수준이다. 보고가 직속 상사에서 마무리되는 내용이 아니라면, 그 윗선이 관심 있어할 내용을 거듭 질문하고 보완하도록 해야 한다.

3단계 보고서 검토

보고 작성뿐만 아니라 보고를 할 때 질문에 맞는 답변을 하여 원하는 결과를 도출하기 위해서는 충분한 준비가 되어야 한다. 필자는 중요한 보고의 경우 보고 전에 미리 3단계에 걸쳐 다른 관점에서 검토해야 자신감이 생겼다.

1단계 : 팩트 확인이다.

보고서 내용에 나오는 팩트의 부정확으로 초반부터 얽히는 최악의 상황도 있다. 그렇게 되면 실제 보고할 내용이 아무리 잘 정리되어 있어도 전체 내용의 신뢰도가 떨어진다. 보고 내용에 담긴 숫자, 참고 내용, 관련 근거 자료가 맞는지 다시 확인할 필요가 있다. 보고서의 맞춤법, 보고의 논리적 흐름이 보고받는 사람 입장에서 이해하기 좋게 되어있는지 확인한다.

2단계 : 상사와 이해관계자 입장에서 궁금해 할 것에 답이 있는지 확인한다.

입장이 다르면 관점이 다르다. 보고자가 하고 싶은 이야기만 나열해서는 안 된다. 보고받은 사람 즉, 상사 입장에서 준비해야 한다. 상사가 보고 내용에 관련하여 최근에 언급한 내용이라든지 외부에 이슈가 된 내용이 있었는지 확인한 후에 그러한 내용을 반영해서 보고해야 한다. 보고 라인 상에 있는 상사의 예상되는 질문에 답이 있도록 작성하고 검토해야 한다. 보고 내용에 따라 영향을 받을 이해관계자 입장에서도 검토해야 한다. 회사에 큰 영향을 줄 수 있는 보고 내용이라면 회사의 핵심가치의 잣대에도 어긋남이 없는지 검토가 필요하다.

3단계 : 보고서를 덮고 보고해 본다.

보고서를 덮고 보고 준비를 해보면, 미진한 내용들이 보이고, 보고서에 담을 내용과 알고 가야 할 내용을 구분할 수 있다. 보고서를 덮고 보고할 성도가 되면, 보고해야 할 내용이 요약정리가 되며, 핵심 위주로 말하게 된다. 맥락을 알고 있어 질문을 받아도 두려움이 없어지고 답변을 즐기게 된다.

어떤 경우, 팀원이 작성한 보고서를 몇 번 읽어도 내용이 이해되지 않을 때 팀원을 불러 설명을 들어보면 금방 이해되는 경우가 있다. 이때 팀원이 방금 말한 것으로 다시 쓰게 하면 보고 내용이 더 매끄러워진다. 바로 이것이다. 말로 하면 중요한 것부터 요점을 정리해서 다른 사람을 쉽게 이해시키는데, 보고서라는 글로 표현하면 어렵게 꼬이는 경우가 있다. 그래서 보고서를 덮고 말로 전달해 보라는 것이다.

또한, 보고 시 나올 수 있는 질문에 말로 답변해보면 미리 정리할 것을 알 수 있다. 내가 스스로 말해보는 과정을 통해 뭐가 부족한지, 어떻게 보완해야 할지 알 수 있다. 특히 사람마다 견해가 다를 수 있는 보고일수록 팀장의 의견 정리가 필요하다. 그러나 이런 준비가 사전에 되어있지 않으면 답변 과정에서 불쑥 정확하지 않거나 맞지 않은 내용을 말하여 뒷수습하는 일이 생길 수 있다.

이러한 3단계를 한 번에 다 할 수 있지만, 시차를 두고 검토하는 것이 좋다. 시차를 두고 검토하면 처음에 보이지 않던 것이 보일 수 있고, 단계마다 주안점이 다르므로 다른 입장에서 볼 수도 있다. 중요한 보고 내용일수록 다시 각 단계를 반복해서 보면 지금까지 보이지 않던 미진한 것과 준비해야 할 내용이 보인다. 이러한 방법은 단지 보고를 잘하는 것으로 끝나지 않는다. 보고 후 내용대로 시행할 때 실행력을 좋게 한다. 보고준비는 보고로서 끝나는 것이 아니다. 실행하여 성과로서 마무리되는 것이다.

평소에 일을 잘하는 팀장도 보고 때문에 고생하는 경우가 있다. 상사는 보고가 잘못되면 평소 일 잘한다는 평가를 받는 팀장인 경우에도 "정말 잘하는 것인가?"라고 의심을 하게 된다. 보고를 받아보면 보고자의 평소 일에 대한 고민의 깊이, 폭, 전문성을 알 수 있다. 보고를 한 번 스쳐 지나가는 일상의 일로 두면 안 된다.

평소에 팀장이 보고한 내용이 일에 긍정적 영향을 미쳤는지 또는 부정적인 영향을 미쳤는지 알 필요도 있다. 부정적인 면이 있다면 다시 그 원인을 찾아 방법을 달리해야 한다. 보고하기 전에 보고의 3단계로 다시 검토해보고 미진한 것은 보완해야 한다. 단계별 검토하는 것이 습관이 되었을 때 보고가 어려운 업무가 아니라, 일을 가장 쉽게 할 수 있는 행위가 된다. 잘된 보고는 팀장 역량 평가에 긍정적인 영향을 미친다.

제 5 장

문제해결 리더십

회사는 결국
성과로써 인정해 준다

일을 손바닥에 넣고 있는가?

　팀장은 일을 손바닥에 넣고 있어야 한다. 그러기 위해서는 팀원이 하는 일을 제대로 알고 있어야 한다. 주례나 월례 보고에서도 일상적인 업무 진행을 볼 것이 아니라 팀 성과에 영향을 미치는 일 위주로 공유하고 토의가 되도록 한다. 특히 순조롭게 진행되는 업무보다는 팀원이 고민하는 내용을 테이블 위에 올려놓도록 한다. 그러려면 팀원들이 일의 진척상황과 고민을 충분히 말할 수 있는 환경을 조성해야 한다. 이렇게 해야만 겉을 보는 것이 아니라 일의 속살을 볼 수 있다. 팀원이 하는 일을 팀장은 주기적으로 MRI로 스캔해 보듯이 파악해 두어야 한다.

　팀장은 일을 둘러싼 전체를 볼 수 있어야 한다. 팀원들의 일을 조합하거나 연결해서 큰 그림을 그려야 한다. 나무와 나무로 이루어진 숲을 그리는 것과 같다. 업무의 장기 목표를 그리고 실행을 위한 세부 설계도를 그릴 수 있어야 한다.

　단순 설계도가 아니라 실현되었을 때 차별화되고, 경쟁력이 있어야 한다. 팀장은 회사의 업무 중 무엇을 맡고 있으며, 무엇이 회사 전체에 영향을 줄 수 있는지, 그리고 무엇을 달성하면 회사에 공헌할 수 있는가를 분명하게 알고 설계도를 그려야 한다.

집을 지을 때 전체 레이아웃(layout) 그림을 그려보면 어떤 집이며, 어느 정도 수준인지, 왜 그렇게 지어야 하는지가 분명해진다. 이어서 설계도가 명확해지면 집을 지을 때 터파기, 지하 기반조성, 철골조 공사 등으로 세분화해서 일정이 나온다. 설계도가 있으면 달성하고자 하는 목표를 구체화할 수 있고, 달성하면 어떤 결과가 실현되는지 명확해진다. 설계도만 보아도 실현 가능한 것인지, 현실에 어긋나는 것인지 알 수 있다. 명확한 설계도를 통해 이해관계자를 쉽게 납득시킬 수 있고, 차별화되는 요소는 무엇이며, 경쟁력의 수준은 어떠한지도 보여 줄 수 있다.

설계도를 그린 후 다 완성된 모습을 상상하듯이, 팀 목표 설정 이후에는 달성되었을 때인 연말을 가정해서 상상해 보아야 한다. 당해 연도 계획한 목표를 다 달성했을 때 팀이 연말에 어떤 평가를 받을 것인지 가늠해 보아야 한다. 연말에 목표를 달성했는데도 상대적으로 좋은 평가를 받기 어렵다고 판단된다면 목표 변경을 고민해야 한다. 목표 수준을 높이거나, 더 중요하게 해야 할 일을 찾거나, 질적인 측면에서 수준을 높이도록 해야 할 것이다.

목표를 달성하기 위해 머리 싸매고 고생하는 구성원들을 생각했을 때, 팀장이 해야 할 일은 팀이 목표를 달성했을 때, 좋은 평가를 받도록 계획하는 것이다.

목표가 달성되었을 때를 항상 상상하자. 연말에 상사가 올해 성과를 보고하라고 했을 때, 자랑하고 싶어 가슴이 뛰겠는가? 어린이가 부모에게 "나 이렇게 잘했어!"라고 자랑하고 칭찬받고 싶듯이 자신이 한 일을 뿌듯하게 자랑하고 싶어야 한다.

팀 성과를 보고하거나 발표할 기회가 생기면 반갑게 여겨야 한다. 일을 할 때 자랑스럽고 가슴이 뛰면 해 볼 만한 것이다, 계획을 잘 세운 것이다. 몸이 먼저 안다. 계획은 거창하지만 이룰 수 없는 계획이라면 당장은 모면할지 몰라도 달성해야 하는 걱정 때문에 가슴이 뛰지 않을 것이다.

계획만 보아도 가슴이 뛰면 일을 실행할 때도 즐겁게 할 수 있다. 물론 모든 일에는 어려운 과정이 있다. 그러나 달성되었을 때를 상상한다면 강한 동기부여가 된다. 아무리 어려움이 있어도 즐겁게 시도하고 또 시도할 것이다. 밤새는 일이라도 해내고자 하는 열정은 즐기면서 어려움을 극복하게 한다. 이것이 현명한 팀장이 하는 연간 목표 관리이다. 가슴 뛰는 일은 팀원들이 먼저 안다. 결국 팀원들의 가슴이 뛰어야 제대로 성과가 나온다.

팀장의 업무시간은 하루 24시간이다

왜 팀장은 일을 손안에 넣고 있어야 할까? 매일 팀장은 의도하든 아니든 일과 관련되는 사항들을 항상 보고, 듣고, 경험한다. 이러한 과정에서 일과 관련되는 한쪽의 고민 사항이 다른 쪽에서 입력되는 정보에 의해 실마리를 찾는 경우도 있다. 고민해야 할 사항들을 머리에 담고 있으면 다른 자극에 의해 연결이 되며, 다른 시각에서 바라볼 수 있다. 그러면 새로운 아이디어가 떠올라 더 구체화해보고, 궁금하면 더 깊이 들어가서 분석할 수 있다.

팀장은 본부장 주관 회의, 타 팀이 주관하는 이슈 회의 등 수시로 업무 관련 미팅이 있다. 일을 알고 있으므로 바로 의견을 낼 수 있을 뿐만 아니라 토의가 빠르게 진행되도록 올바른 역할을 할 수 있다.

비공식적 자리에서도 이러한 상황이 만들어진다. 대개 상사와의 격식 없는 만남에서도 업무와 관련된 얘기가 대부분이다. 따라서 평상시 업무를 잘 파악하고 있으면, 상사와 동료 팀장 간에 흘러가는 내용이라도 업무에 영향을 줄 수 있는 사항이 있을 때 빠르고 바르게 방향을 제시할 수 있다. 업무에 대한 정확한 이해는 올바르게 일이 추진되도록 하는 튼튼한 초석이다. 팀장은 어느 시간, 어디에 있든 팀 업무와 연계되어 있다. 팀장의 업무시간은 하루 24시간이다.

일을 손에 넣는 루틴한 구조가 필요하다

리더는 빠르고 정확하게 일의 내용을 장악해야 한다. 지금 이슈가 되는 사항이 뭔지, 어떻게 가는 게 올바른지 머리에 넣어두어야 한다. 앞서 소개했듯, '보고서를 덮어놓고 질문 형식으로 보고받는 것'도 하나의 방법이다. 여기에다 팀장으로서 소신 있는 자신의 의견이나 생각이 있어야 한다.

아울러 이슈 사항에 대해서 장애 요인이 무엇인지, 어떻게 추진할 것인지 고민한 내용을 정리해둘 필요가 있다. 따로 시간을 내지 않고 일상적으로 업무를 수행하는 과정에서 이런 루틴을 가져야 한다. 의견을 갖고 있다는 것은 여러 가지 측면에서 의미가 있다. 단지 예상되는 질문에 미리 준비하는 것도 되지만, 준비된 의견은 새로운 사물을 보거나, 듣거나, 사실을 알아가는 과정에서 살이 붙고 수정되어 정교해진다.

구조화된 정보를 더 명확하게 하기 위해 리스트를 작성해 보는 것도 좋은 방법이다. 자신이 주관하는 일 중에서 의견이 필요한 이슈 사항들은 나열하고, 내가 어떤 의견을 갖고 있는지 나열해 보면 뚜렷해진다. 이해가 상충하거나 다른 사람이 질문할 수 있는 이슈 사항은 어떤 것들이 있는지 적어본다. 한 이슈마다 주장, 이유, 근거, 유사 사례 정도로 작성한다. 갑작스럽게 질문을 받거나, 의견을 내야 할 때 내가 이미 갖고 있는 내용을 기준으로 의견을 낼 수 있다. 이렇게 하면 주도권을 갖고 일하게 된다.

일을 손안에 잘 넣고 있는지에 따라 성과가 다르다

필자가 사장으로 있을 때 연초에 전 팀장을 상대로 TED 형식으로 팀의 일을 5분 안에 발표하게 했다. 발표 시 업무적으로 연계되는 팀장과 본부장을 참석시켜 질문하고 토의하게 했다. 발표 내용은 실시간 영상으로 보내 모든 구성원이 스마트폰으로 발표 내용을 볼 수 있게도 했다.

팀장마다 일을 얼마나 고민하고 파악하고 있는지 알고 싶었다. 연말에 일의 결과를 피드백하는 것도 중요하지만, 연초에 팀마다 계획한 설계도를 보면서 피드백하는 것도 의미 있겠다고 생각했기 때문이다. 또한, 사장이 생각하는 일에 대한 팀장의 역할과 팀장 자신이 실제 하고 있는 일 사이에 어떤 간극이 있는지 파악하고 공유하고 싶었다. 또 다르면 왜 다른지 짚어 보고자 했다.

발표할 내용은 당해 연도에 팀이 해야 할 일 중에서 가장 중요한 3가지와 그것의 목표는 무엇이며, 목표를 달성하기 위해 예상되는 장애요인을 담게 했다. 장애요인 해결을 위해서는 팀원이 아닌 팀장 자신이 무엇을 어떻게 할 것인지를 발표하게 했다.

그 결과 팀장마다 완전히 다른 결과를 받아 볼 수 있었다. 일을 손안에 넣고 있는 팀장, 손에 막 넣으려고 노력하는 팀장, 손안에 넣고 있는지 밖에 있는지 확실하게 분간이 가지 않은 팀장으로 나눌 수 있었다. 연말에 성과는 단연 손에 넣고 일하는 팀장이 뛰어났다. 명확하게 일을 알고 있으니 고민의 깊이와 폭이 달랐다. 일을 손안에 넣고 있는 팀장은 일을 빈틈없이 야무지게 진행할 수밖에 없다. 비록 5분 정도 발표하는 것이지만 팀장마다 자신의 역할에 대해 고민을 얼마나 하고 있는지 알 수 있었다.

같이 참석한 동료 팀장들은 타 팀의 일을 들여다봄으로써 팀장끼리 벤치마킹도 이루어졌다. 어느 팀에서 고민하는 것을 다른 팀에서는 이미 방법을 찾아 실행하고 있거나 아니면 그럴 필요도 없이 완전히 다르게 시도하는 팀도 있었다. 일의 중복을 막아 쓸데없이 고생하지 않도록 사전에 걸러내는 작업도 가능했다.

발표한 팀장들은 하나같이 본인 일을 객관적으로 볼 수 있었고, 조직이 아니라 팀장 자신이 얼마나 고민해야 하는지 알 수 있었다는 반응을 보였다. 준비과정은 어려웠지만, 결과적으로 팀장 육성의 한 방편이 되었다.

발표를 준비하면서 팀장이 가장 신경 쓰였던 것은 팀원들이 보고 있는 것이라고 했다. 팀원이 온라인으로 팀장의 발표를 보고 어떻게 받아들일지 걱정했다고 말했다. 진정성이 없으면 팀원들이 먼저 알고, 다른 팀과도 비교가 되기 때문이다.

일부 팀장들은 다시 팀 내에서 파트장, 팀원 단위로 각자의 위치와 역할에서 할 일에 대해 발표를 해 보았다고 한다. 이렇게 하면 각자가 가장 신경 쓰는 업무 중심으로 발표하게 된다. 팀원들도 이런 발표를 하고 난 다음에 본인 일을 다시 보게 되었다고 한다.

일을 손바닥에 넣고 있는가? 업무 파악이 얼마나 잘된 것인지는 몇 마디 질문과 답변으로 드러난다. 지금 당신은 가슴 뛰는 일을 하고 있는가?

문제를 제대로
파악하는 것부터 시작하라

성과를 내겠다고 무작정 일에 덤비는 것은 어리석다. 노력과 성과는 비례 관계에 있지 않다. 앞으로는 더욱 그러할 것이다. 이런 방식으로 일하다가는 상사도 가만두지 않을 것이다. 물론 팀원들의 불만도 높아질 수 있다. 만일 팀장이 팀이 며칠 동안 죽으라고 열심히 일했지만, 성과가 나지 않는다고 투덜대면 어리석다. 누워서 침 뱉기와 같다.

본사 팀장으로 발령받아 얼마 지나지 않아 있었던 해프닝이다. 부문장이 주관하는 본부장 회의를 마치고 나온 상사는 팀장인 필자를 불러 내일 오후에 사장보고가 있는데, 중요한 참고자료이니 시설 현황 조사를 해서 내일 아침에 알려주도록 요청했다. 지시 내용은 현장에 있는 팀으로부터 파악할 수 있었다. 퇴근 시간이 임박한 시간대라 자리에 있는 팀원들을 불러 모아 지역별 담당자를 정해 파악하도록 지시했다. 밥도 먹지 못하고 저녁 늦게까지 지역별 담당자가 파악한 자료를 담당 구성원이 취합해서 보고서를 써야 했다. 다음날 정리된 자료를 본부장에게 보여 드렸다. 상사는 자료를 보더니 대뜸 "세부적인 자료까지는 아니고 간단하게 작년에 조사한 것이 있을 텐데, 그것으로도 충분한데, 고생했구먼."이라고 했다.

조사는 잘되었지만, 어떻게 보면 자원 낭비한 것이다. 연간으로 큰 변동사항이 없다면 간단하게 담당자가 작년 자료를 찾아 전달하면 되는 것을 늦은 시간에 본사, 현장 전 지역 담당자들이 파악하게 했으니, 지역은 지역대로 밤늦게 파악하느라 고생한 것이다. 자료 몇 장 만드는데, 본사와 현장에서 수십 명이 저녁에 고생한 꼴이 된 것이다.

고생한 구성원에게 미안한 마음이 들었다. 팀장이 명확하게 지시사항을 듣고 일의 수준을 파악해야 하는데, 지시한 상사와 팀장 간에 일의 범위를 다르게 해석한 결과였다. 이후에는 의심이 가면 다시 질문하여 일의 범위를 명확하게 하려고 했다.

이런 경우는 양반이다. 비록 고생은 했지만, 자료는 활용할 수 있었기 때문이다. 몇 날 며칠 고생했지만, 전혀 의미 없는 보고서가 되거나, 작업일 경우도 있다. 상사는 지시사항을 구체적으로 하고, 지시받는 사람은 확인하는 절차를 거치면 고생을 피할 수 있는 경우가 종종 있다.

상사는 구성원이 배경 상황을 잘 알 거라 오해하고, 구성원은 '시키는 대로 하면 되지.'하며 착각한다. 확인 절차가 없으면, 구성원은 야근하고, 상사는 그 결과에 속이 터지는 일이 반복된다.

해결책은 지시사항에 대해 궁금증을 갖고 확인하는 마음가짐을 갖는 것이다. 즉, 지시의 목적과 그 이행에 필요한 핵심을 알아내려는 태도이다.

복잡한 지시사항인 경우는 더 철저하게 따지고 일을 시작해야 한다. 어떤 경우든 문제 상황이 만들어지면 가장 먼저 체크해야 할 것은 문제를 제대로 인식했는가이다. 문제 의도와 방향이 다르면 아무리 열심히 노력한들 헛수고다. 회사는 올바른 성과를 원한다. 얼마나 오래 일했다는 것은 자랑이 아니다. 비용인 자원을 투입했다는 것과 같다. 그런데, 결과는? 성과는 뭔데? 이에 대해 답을 제시할 수 있어야 한다.

'문제 해결 능력'의 사전적 정의는 "업무를 수행함에 있어 문제 상황이 발생했을 경우, 창조적이고 논리적인 사고를 통하여 이를 올바르게 인식하고 적절하게 해결하는 능력을 말한다."라고 되어있다. 여기서 '올바른 인식'이 잘되어야 해결이 가능하다. 문제를 제대로 인식하려면 먼저 본질을 파악해야 한다.

'문제 해결 능력'에 앞서 '문제 정의(定義) 능력'이 더 중요할 수 있다. 어떤 문제를 해결하려고 하는가를 알아야 한다. 올바른 인식으로 어떤 문제인지 알았다면 본질을 파악하여 문제를 풀어가야 한다.

시험은 정확한 답을 요구한다

학창시절에 시험을 볼 때를 상기해 보자. 시험을 잘 보기 위해서는 먼저 교수의 출제 의도를 파악해야 한다. 시험은 어쨌든 출제자의 요구에 학생이 응답하는 거다. 출제 의도는 바꿔 말하면 '왜 이러한 문제를 내었을까?'이다. 그 '왜'라는 질문에 제대로 대답하지 못하면 시험을 잘 볼 수 없다. 출제자의 의도를 모르고 풀이에만 집착하다가는 엉뚱한 풀이를 할 수 있다. 출제자의 의도를 파악하면 문제풀이의 단서를 찾을 수 있고 이를 통해 쉽게 문제풀이를 할 수 있다.

본인의 생각보다는 출제자의 의도가 더 중요하다. 먼저 출제자의 의도한 내용에 응답하고 그다음에 내 생각을 넣는 것이다. 출제자의 의도를 모르고 내 생각을 넣으면 답이 꼬이기 시작한다.

출제 의도를 잘 파악하려면 문제를 그냥 읽을 게 아니라 '읽어내야' 한다. 읽어내기 위해서는 문제를 분석하고 해체해 봐야 한다. 사용된 단어 하나하나에 의미를 두어야 한다. 문제에는 조건들이 있는데 이러한 조건에 맞게 분석하고 서술해야 한다.

평소 기출문제를 풀 때도 이렇게 문제를 분석하는 습관을 들여야 한다. 출제자가 어떤 의도로 문제를 냈는지 항상 스스로 질문하고 답을 찾는 훈련이 필요하다. 이러한 출제 의도를 파악하는 훈련이 반복될 때 문제 의도를 보는 기본 역량이 높아진다. 그래야만 방향을 잃지 않고 정답을 향해 나아 갈 수 있다.

시험 문제를 정확하게 파악하지 못하고 급하게 주관식 답을 써 내려가는 경우도 있다. 이는 글만 많이 채우면 동정 점수라도 받을 수 있다는 착각 속에 페이지 숫자만 늘리려는 것이지 문제를 푸는 것과는 다르다.

시험은 정확한 답을 요구한다. 회사 일도 마찬가지다. 문제를 제대로 인식하지도 못하면서 급하게 시간만 엄청 들여 일을 하거나 보고서를 써봤자 자원만 낭비한다.

자신들은 노력을 굉장히 했다고 생각하며 그 노력의 대가라도 받으려고 하겠지만 회사는 제대로 된 성과를 원한다. 상사로부터 말귀를 못 알아듣는다고 들었다면 자신의 인식 수준을 재점검해야 한다.

고객의 문제를 잘 해결하는 회사는 성공한다

팀에서의 문제는 회사에서 지시받거나, 자체적으로 문제라고 인지하는 것들이다. 회사에서 지시받은 문제는 문제 본질에 접근해 의도를 파악해야 한다. 의도를 알아야 방향성이 정확해진다.

문제가 시스템에서 발생한 경우는 시스템을 운용하는 기술자가 드러난 현상의 팩트를 다각도로 모아 분석하여야 본질을 파악할 수 있다. 진단이 잘못되면 다른 처방을 할 수 있다. 문제를 철저하게 쪼개고 분리하여 다시 종합해 봄으로써 정확하게 원인이 무엇인지 알 수 있다. 그래야 해결책이 나온다.

고객의 요구와 관심을 정확하게 읽는 것도 이와 유사하다. 어떻게 보면, 회사는 고객이 내는 문제를 잘 해결하는 일을 한다. 고객이 낸 문제를 잘못 이해하면 엉뚱한 답변을 할 수 있다. 이런 답변은 고객의 요구와 관심에 어긋나는 제품이나 서비스를 제공할 수 있다. 잘못된 이해는 회사에 치명타를 안긴다. 고객의 문제를 잘 해결하는 회사는 성공한다.

어느 경우나 문제를 제대로 인식하는 데 집중해야 한다. 많은 경우 본질적인 속살을 들여다보았을 때 근원적인 문제가 보인다. 문제를 올바르게 파악하지 못하면, 틀린 원인으로 문제를 풀려고 하기 때문에 아무리 노력하여도 진정한 해결책을 찾기 힘들다. 문제를 해결하려는 시도 이전에 문제를 제대로 파악하는 데 더 집중할 필요가 있다.

그래도 문제가 해결되지 않으면 마지막으로 점검해봐야 할 것이 있다. 내가 알고 있는 것도 의심해 보아야 한다. 통상적으로 알고 있고, 과거부터 이러이러했다는 당위성을 의심하지 않으면 해결의 실마리가 보이지 않는다. 문제 해결에서 가져야 할 태도이다. 기술의 발전과 문제를 둘러싼 환경의 변화에 맞춘 문제 해결 방법이 요구된다. 과거의 관점이 아니라 현재의 관점에서 바라볼 수 있는 시각이 필요하다. 근대 철학의 아버지 데카르트는 "내가 알고 있는 것을 의심하라."고 이야기했다. 아는 것도 '왜?'라는 질문을 던져 의심해 볼 필요가 있다.

팀장은 문제를 내는 사람이기도 하다

어떤 상황을 문제로 인식할 수도 있고 안 할 수도 있다. 최악의 경우는 업무 현장에서 문제가 있는 상황임에도 문제 인식을 못 하는 경우이다.

팀장은 상사와 팀원들이 가져온 문제를 잘 해결하는 것도 중요하지만, 누구도 문제라고 인식하지 않은 것을 문제라고 끌어올리는 역할을 하는 것도 중요하다. 문제를 발견하고 선제적으로 대응을 하는 것이 일을 잘하는 것이다.

상사의 "요즘 고민이 있습니까?"라는 질문은 업무에서 문제를 인식하고 문제가 무엇인지 발견하려는 일이 평소에 이루어지고 있는지 알아보는 것이다. 누군가가 문제를 제기했을 때 바로 해결하는 팀장은 평균 이상의 그룹에 속한다. 하지만 닥칠 문제를 선제적으로 알아내고 해결하는 팀장이 현명한 팀장이다.

문제를 발견하는 사람은 현상을 보고 이상하다고 생각하는 사람이다. 문제를 잘 발견하기 위해서는 많은 경험과 지식이 필요하다. 그래서 다양한 경험과 지식이 있는 사람은 어떤 현상을 보고 이상하다고 느끼고, 거기에서 문제를 발견하면 호기심의 발동으로 문제해결 방법을 찾게 된다.

물론 과정도 중요하다

과정 없이 결과가 만들어지지 않기 때문이다. 하지만 잘못된 방향성이면 의미가 없다. 근본이 잘못된 과정이면 자원 낭비요 기회손실이다. 여기선 배울 수 있는 것도 없다. 삽질한 거다.

배울 수 있는 과정을 만들어야 한다. 진정한 인정은 일의 결과가 성과로 나타났을 때 받을 수 있다. 내가 얼마나 노력했다고 하는 것은 단지 일을 해결하기 위해 고생을 많이 했다는 것에 지나지 않는다. 좋게 보면 인풋으로 투입된 자원을 실적으로 말하는 것과 같다. 집에도 들어가지 못하고 야근을 밥 먹듯이 했던 것을 실적이라고 자랑하는 것과 같다. 어떤 일에 노력을 많이 들였다는 것은 자원을 많이 투입했다는 인풋이지 아웃풋인 성과는 아니다.

문제가 주어질 때 인식만 잘해도 일의 반은 해낸 거다. 팀장은 구성원들에게 인식이 바르게 된 건지 확인하는 질문을 자주 해야 한다. 이것만 된다면 일은 생각보다 쉽게 풀릴 수 있다.

벤치마킹을 가볍게 보지 마라

"우리 팀은 고속철도 터널에서의 통화 품질문제로 고민 중인데 이번에 개선해 보려고 합니다."

주례보고에서 A 팀장이 본부장에게 말한다. 듣고 있던 다른 팀장이 "작년에 B 팀에서 비슷한 문제를 이미 다루었고, 어느 정도 방법을 찾았다고 들은 것 같은데 알아보시죠?"라고 한다.

순간 A 팀장은 얼굴이 붉어지면서 "다른 걸 말하는 게 아닌가요?"라고 말끝을 흐린다.

본부장이 "그것부터 알아보고 하시죠?"라고 한다.

이 이야기는 회사 내에서 가끔 목격되는 상황이다. 회사 조직에서뿐만 아니라 팀 단위에서도 적극적으로 벤치마킹해야 한다. 남들이 어떻게 하는지 알아야 내가 해결하려는 일을 현명하게 처리할 수 있다. 벤치마킹을 소홀히 하면 낭패를 본다.

회사에서 조직별로 연간 성과에 얽매여 일하다 보면 당장 떨어진 일에 매몰되어 주변을 보는 것에 소홀할 수 있다. 그러나 팀장은 주변을 돌아보아야 한다. 자신들의 방법 또는 팀 일에만 매몰되어 밖을 보지 못하는 우물 안 개구리의 시각을 가질 수 있다.

남에 의해 내가 하는 방식을 바꿔야 하면 즐겁지 못하다. 내가 스스로 찾아 바꿔야 일이 재미있다. 내가 맡은 일과 비슷한 일을 회사 내·외부 조직 또는 경쟁회사가 어떻게 하는지 모르고 있다가 그들이 새로운 기술이나, 마케팅 기법으로 성과를 내는 것을 본다면 가슴 아픈 일이 된다. 기술과 환경 변화가 빠른 분야에서 흔히 볼 수 있는 상황이다. 회사 내에서 비슷한 일을 하는 조직, 경쟁사, 동종업계의 변화를 알아야 한다. 벤치마킹은 시행착오를 최소화하며 더 빠르게 나아가게 한다.

벤치마킹은 벤치마킹 대상으로 끝나지 않는다

필자는 국내 이동통신이 활성화되는 시기에 연구소에서 이동통신 품질개선 업무를 맡았다. 통화 품질을 확인하기 위해서는 고객이 통화하듯이 수작업으로 일일이 전화를 걸어야 했다.

지금은 이동통신 장비 분야도 국산 장비가 세계를 이끌고 있지만, 그 당시 이동통신 교환기는 외산 일색이었다. 마침 국내 교환기 제조회사들은 이에 뒤질세라 막 국산 이동통신 교환기를 개발하여 국내 이동통신 서비스회사에 소개하는 자리를 마련하였다. 개발된 교환기도 들어보고, 품질 측정에 필요한 기술이 있는지도 알아볼 겸 방문하게 되었다.

다른 여러 가지 회의를 하고 난 다음에 교환기 개발 실험실을 볼 수 있었다. 제조회사도 교환기를 개발하려면 많은 통화를 해 보는 시험이 필요하다. 그 회사에서도 처음에는 통화를 수작업으로 시도하다가 조금 진화시켜 단순 자동화된 장비를 만들어 시험하고 있었다. 우리도 필요한 장비라서 세부적으로 시험 장비에 대해서 물어보았다. 우리가 현장에서 경험하고 고민했던 내용도 이야기해 주면서 상호 벤치마킹하는 자리가 되었다. 공통된 관심 사항이기 때문에 서로가 고민하고 추진한 사항을 교류함으로써 시너지가 있었다. 벤치마킹을 통해 측정 장비 개발 가능성을 확인할 수 있었다. 회사에 돌아와서 관련 부서의 도움을 받아 이동통신 품질 측정에 적합한 완전 자동화 시스템 개발을 구체화하기 시작하였다.

제조회사는 교환기를 만들 때 통화가 되는지에 초점이 맞춰 있다면, 서비스회사는 통화 연결도 중요하지만, 연결 후에 통화 품질을 더 중요하게 생각한다. 따라서 가장 큰 난관은 통화 품질을 사람이 귀로 듣고 판별하는 것을 기계가 자동으로 판별하도록 개발하는 것이었다.

이동통신에서는 무선 환경이 존재하기 때문에 음성 품질에 영향을 줄 수 있는 변수들이 많다. 이뿐만 아니라 같은 음성 품질도 사람에 따라, 나이에 따라 체감하는 평가가 다르다. 이런 조건을 고려하며 대표되는 통신품질을 자동으로 수집하여 품질을 평가하는 장치를 만드는 과정에서 많은 시행착오를 겪었다.

벤치마킹을 통해 교환기 제조회사의 협조와 단말기 제조사의 도움을 받을 수 있었으며, 음성 품질 평가 분야는 이 영역을 연구하는 연구소와 대학교의 협력으로 완성할 수 있었다. 이게 바로 국내 최초 이동통신 자동품질측정기를 만들게 된 시초가 되었다.

이 장비는 이동통신 품질 측정에 획기적인 생산성을 가져왔다. 현재도 이동통신 품질 측정 장비 분야는 국내 기술이 세계에서 가장 앞서 있다고 자부한다. 벤치마킹은 자기와 다른 것과의 비교뿐만 아니라 융합을 통한 새로운 것의 창조까지 포함한다.

벤치마킹도 마음가짐이 중요하다

벤치마킹 활동이 활발하지 않은 조직은 왜일까? 이유 중에 하나는 자신이 잘하고 있다고 여기기 때문이다. 특히 회사 내에서 비슷한 일을 하는 부서끼리 벤치마킹은 잘 이루어지지 않는다. 회사 내 타 부서에서 잘하는 것을 벤치마킹하여 성과를 내어도 자신의 성과로 어필하기도 어렵고, 처음 시도하고 제안한 부서에 좋은 일 시켜준다고 생각하는 것 같다. 자신이 처음으로 제안하고 실행하고픈 욕심도 깔려있다.

이를 극복하기 위해서는 해당 조직의 상사의 역할이 중요하다. 벤치마킹을 해서 좋은 결과를 만들어 낸다면 성과로 인정해주는 게 중요하다. 상사가 어떤 태도를 보이는가에 따라 벤치마킹의 활성도가 달라진다.

다른 관점에서 보자. 일 잘하는 것도 공부 잘하는 것과 유사하다. 공부를 효과적으로 하기 위해서 기출문제를 분석하고 연습 풀이하듯이 일도 이와 비슷하다. 다른 사람은 문제를 어떻게 이해하고 해결하는지 파악하는 게 가장 빨리 문제를 풀 수 있는 지름길이다. 그러나 의외로 알면서 이런 방법을 소홀히 한다.

벤치마킹을 통해 얻는 게 있으려면 마음가짐이 중요하다. 배우려는 자세가 되어있어야 보인다. 기본적인 자세에 대해 필자가 생각하는 것을 몇 가지 요약해 본다.

첫째, 먼저 자신이 알고 있는 것을 리셋(Reset)하고 볼 수 있어야 한다.

그래야 본질을 볼 수 있다. 다른 팀에 좋은 벤치마킹 사례가 있음에도 불구하고 벤치마킹하라고 하면 바로 나오는 반응은 "저 팀을 벤치마킹해 봤는데 별로 배울 게 없어요."이다. 벤치마킹을 잘하기 위해서는 배우려는 자세가 중요하다. 그중 하나는 고정관념을 버려야 한다. 자신의 고정관념을 버려야 배울 게 보인다. 비평 대신 머리 숙여 공부하는 자세를 가져야 진정 배울 수 있는 게 보인다. 성과 자체가 맞네, 틀리네, 그래서 상을 뭘 받았네, 등에 관심을 가져 정작 가장 중요한 "왜 잘되었는가?"를 읽지 못하는 경우를 많이 봐 왔다.

둘째, 묻지 않은 질문에는 누구도 답해주지 않는다.

목적을 명확하게 하고 질문을 갖고 있어야 한다. 목적이 명확하지 않으면 초점이 흐려진다. 집중해서 봐야 배울 게 있다. 겉만 보고 속살을 보지 못하면 그냥 그런 것으로 치부할 수 있다. 속살을 보기 위해 집요하게 질문을 해야 한다. 질문이 없는데 당사자들은 다 말해주지 않는다. 제대로 된 질문이 없으면 무엇을 보고자 하는지 알 수 없다. 질문하지 않은 분야까지 다 보여 줄 수 있는 시간도 없다. 물어야 보여준다. 벤치마킹할 때는 정확한 핵심 질문을 갖고 가야 한다. 준비한 만큼 볼 수 있다.

잘되니까 무조건 좋다는 게 아니라 강점과 약점을 제대로 분석하고 파악하려는 노력이 있어야 벤치마킹을 성공할 수 있다. 벤치마킹은 성과만을 보는 것이 아니라 그 일을 잘할 수 있었던 노하우의 모든 것을 읽고 분석하여 내 것으로 만드는 작업이 뒤따라야 얻을 수 있다.

셋째, 기술 진화를 알아야 보인다.

새로운 기술 흐름에 민감할 필요가 있다. 가장 간단하게 한눈에 파악할 수 있는 공간은 전시회이다. 기술적, 방법론의 변화를 읽을 수 있다. 업무와 관련되는 전시회나 세미나에 참석해서 업계의 동향을 살펴야 한다. 새로운 것이 있다면 적극적으로 파악해야 한다. 진리는 먼 곳에 있지 않다는 말도 있다. 살펴보면 주변에도 벤치마킹할 대상이 널려있다.

필자의 업무 중에 전기 설비 쪽도 있었다. 전기 설비는 필연적으로 열이 발생하며, 어떤 이유에서든 한계에 도달하면 화재가 날 위험성을 내포하고 있다. 그래서 전기 설비를 운용하는 곳에서는 비정상적인 온도 상승을 적기에 알아내고 조치하는 것이 중요한 업무이다. 보통 온도 센서를 설비 주위에 설치하여 감지한다. 그에 더해 운용자가 주기적으로 열 감지 측정기로 확인도 한다. 한번은 전시회에서 접점 부위의 온도 상승에 따라 색상이 변하는 케이블이 전시되어 있었다. 이후 공법에서 이러한 케이블을 사용하여 육안으로 감지 될 수 있게 하였다. 이제는 보편화된 것이지만 그 당시만 하더라도 초창기라 안정성과 운용비용 측면에서 큰 기여를 할 수 있었다.

넷째, 팀 내에서 공감을 얻어야 한다.

담당자가 원하여야 얻을 수 있다. 각자 업무는 자기가 잘한다고 생각한다. 상호 비교하는 것은 자존심을 건드릴 수 있다. 팀원이 공감하는 벤치마킹이어야 빠르게 배우고 정착시킬 수 있다. 그래서 벤치마킹할 때는 다양한 시각을 가진 적극적인 멤버로 구성해야 한다. 우리 팀에 적용하면 좋겠다는 사례가 있을 때, 팀에 접목하기 위해서는 담당 구성원이 적극적인 벤치마킹의 필요성을 공감하는 게 중요하다. 따라서 도입 여부의 결정은 담당 구성원이 할 수 있도록 해야 한다. 또한, 벤치마킹 결과의 좋은 사례는 팀원들에게 알리고 담당자를 격려해주는 것이 필요하다.

관행과 타성으로 업무를 처리하는 부서에서는 벤치마킹을 하는 것이 좋은 자극이 될 수 있다. 기존 업무에 벤치마킹으로 얻은 좋은 사례를 적용한다면 최소 자원의 투입으로 개선 효과를 볼 수 있다. 벤치마킹은 단기간에 업무의 질을 높일 수 있는 가장 가성비 있는 행위이다.

하지만 벤치마킹은 추격자 전략이므로, 한발 더 나아가기 위해서는 선택과 집중으로 선발 주자를 따라잡고 앞서 나갈 수 있는 차별화 전략이 필요하다. 이는 융합의 차원이다. 기존의 영역에서만 보던 것을 다른 영역과 합하거나 연결해서 볼 필요도 있다. 동종업계뿐만 아니라 타 업종에서도 배워야 할 것을 살펴야 한다. 타 업종의 성공사례에서 의외의 결과를 얻을 수 있다. 진정한 성과는 벤치마킹을 통해 배운 것을 충분히 소화한 다음에 자신만의 차별화 전략을 펼쳐야 가능하다.

궁금하면 실험하라

팀장 때부터 가능하고, 팀장이기 때문에 해 봐야 하는 것은 무엇일까? 많은 것이 있겠지만 필자는 실험이라고 생각한다. 일반적으로 회사에서는 팀장 때부터 실험에 활용할 수 있는 자원 할당의 권한을 준다. 팀장은 실험을 위해 팀원을 더 할당하거나 물리적인 자원까지도 투입할 수 있는 위치에 있다.

팀원일 때는 '이렇게 하면 어떨까?', '저렇게 하면 어떻게 될까?'하는 아이디어는 있지만 드러내지 못하고 생각으로만 그치는 경우가 많다. 왜 그런 현상이 일어날까? 자체적으로 필요한 자원을 투입할 수 없기 때문이다. 한번 시도하기 위해서는 보고하고, 승인도 받아야 한다. 의견을 낸 당사자가 그 일에 더 많은 시간을 들여야 할 수도 있다. 그리고 잘못되면 제안하고 노력한 대가도 받기 힘들다. 더해 보고 싶고, 알고 싶어도 하기 어렵다. 이러한 이유로 시도하기를 주저한다.

그렇지만 팀장은 가능하다. 보통은 팀장에게 주어진 역할과 책임 내에서 조정할 수 있기 때문이다. 팀 내에서 간단하게 시도해 볼 수 있는 것들이 많다. 특히 실험대상에 많은 변수가 있는 것일수록 현장에서 변수를 제거해야 한다. 책상머리에서 생각으로만 변수를 제거하고 범위를 좁히기는 어렵다. 현장에서 실험으로 범위를 축소시켜야 가능성을 볼 수 있다.

필자에게도 어떤 문제가 있다고 여겼지만, 생각으로만 그친 경우가 있었다. 그런데 이상하게도 이런 것들은 일정한 시간이 지난 후에 여지없이 다시 유사한 문제로 되돌아왔다. 아이디어가 있었지만 생각만 하다가 잊었는데, 다른 누군가가 유사한 아이디어로 성과를 내는 경우도 있었다. 중요한 것은 실험 정신과 실행력이다. 궁금증을 풀지 않으면 언젠가는 다시 다른 문제로 만난다. 그때는 이미 늦을 수 있다.

실험은 팀장의 특권이자 책무이다

팀장은 임원이 되기 위한 중간 다리이다. 그 다리를 잘 건너면 다시 새로운 길이 열린다. 이 다리를 성공적으로 건너기 위해서 팀장은 주어진 역할과 책임을 제대로 활용해야 한다. 자신의 역량을 발휘해 볼 수 있는 최적의 시기이기 때문이다.

팀원에서 팀장이 되면 자율성이 높아진다. 팀원이었을 때 본인의 역할을 발휘할 수 있는 정도와 팀장이 되었을 때 발휘할 수 있는 수준은 크게 차이가 난다. 팀원일 때 일에 대한 자율도가 50% 이하라면 팀장은 80% 이상이라 생각한다. 팀 운용을 책임지는 자리이므로 자원 할당과 업무의 우선순위 등 팀 내 투입되는 인풋을 팀장 관할 아래에서 조정할 수 있기 때문이다.

인풋은 자원투입을 말하고 아웃풋은 결과와 성과라고 할 때, 팀장은 팀의 인풋과 아웃풋이 정해졌다고 그대로 하면 될까? 기대하는 것보다 더 큰 성과를 만들기 위해서는 차별화해야 한다. 보통 기대 결과보다 더 큰 성과를 목표로 했을 때 기대만큼 성과를 만든다. 자율성이 높다는 것은 더 큰 성과를 만들기 위해 팀 운용의 자원 할당을 팀장이 할 수 있다는 것이다. 충분한 여건과 역할이 주어졌음에도 시도하지 않은 것은 일에 대한 태만이며, 책무를 다하지 않은 직무유기가 될 수 있다. 팀장다움을 포기하는 것과 같다.

힘 빼는 데 3년?

골프 입문 후 힘 빼는 데 3년 걸린다는 말은 아마추어 골퍼라면 가장 많이 듣는 소리다. 그 정도로 골프 그립을 쥘 때 힘 빼기가 어렵다. 실험하는 것도 마찬가지다. 막상 해 보려면 계획하고 언제 할 건지, 누가 할 것인지, 여러 조건을 따지다 보면 힘들다. 그냥 힘 빼고 간단한 것부터 시도해야 한다. 뜸 들이는데 너무 많은 시간을 허비하지 않도록 진입장벽을 낮추어야 한다. 어깨에 힘 빼고 바로 해 보아야 알 수 있다.

일상생활에서도 실행하면 좋다는 것은 아는데, 행하지 않은 경우가 얼마나 많은가. 방해되는 요소들은 치우고 간단하게 바로 시도해 보자. 현장 일은 정해진 프로세스대로 일을 잘하는 것이 중요할 수 있다. 하지만 다시 생각해 보자. 이미 정해진 일이라도 개선해야 할 것들이 더 있을 수 있다. 근본을 다시 봐야 할 것들이 있다. 예를 들어, 기술 쪽 현장 일은 어떤 관점으로 보는가에 따라 조치 시간, 조치 방법이 달라진다. 자원이 많이 들어가는 업무 중에도 지금 하는 방식과는 다르게 접근해 볼 수 있는 일들이 많이 있다.

현장에 발을 붙이고 있는 팀장은 가볍게 해 볼 수 있다. 팀은 현장에 있는 일을 하는 최소 단위이며, 가장 고객과 근접한 위치에 있는 조직이다. 본부장만 되어도 해야 할 영역이 넓고, 뭔가 하고 싶어도 다시 팀장에게 공감을 얻어 진행할 수밖에 없다. 본부장이 팀원들을 바로 진두지휘하면 팀장의 자율성에 영향을 미치기 때문이다.

실험은 무엇부터가 시작인가?

실험은 관찰로부터 시작된다. 관찰을 해야 무엇을 할 것인지가 보인다. 그다음 구체화하고 팀원들의 공감을 이끌어내어 실행하고 정리한다. 이러한 순서가 다시 선순환되면서 더 세부적으로 실험을 진행하여 결과를 얻는다.

먼저 관찰은 팀장이 평소 현장 업무 밑바닥을 관심 있게 보는 것으로부터 시작된다. 관찰을 잘하면 상당 부분 실험 시간을 줄일 수 있다. 관찰하면 보이지 않았던 것도 보이기 시작한다.

일례로 헬리콥터의 구상도 관찰로 시작되었다고 한다. 나선형 드릴이 회전하면서 땅으로 들어가는 모습을 보고 공중에 떠오르는 헬리콥터를 착안했다. 그러나 날개가 공회전만 하자 이중으로 회전하도록 개조했다. 이것은 새가 하늘을 나는 모습을 관찰하면서 얻은 아이디어라고 한다. 이는 지금까지도 헬리콥터 설계의 기본 원리로 활용된다.

평소 상품과 서비스를 이용하는 소비자들의 몸짓, 말투에 숨은 뉘앙스, 기분, 무의식적 행동을 세심하게 보는 것에서 관찰하는 태도가 길러진다. 새로운 것을 만들고 싶다면 세심하고 집요한 관찰을 통해 사람들의 속마음을 알아내야 한다.

관찰로 알아낸 것을 구체화해보고 말로 표현해 본다. 궁금증을 말로 표현하면 자신의 머릿속에만 맴돌던 것이 정리된다. 정리가 되면 무엇이 모자라는지 보이며 부족한 분야는 다시 알아보게 된다. 부족한 것은 관련 자료를 찾거나 전문가를 통하여 더 심도 있게 답을 얻는 행동이 뒤따라야 한다.

추진력 있게 실험을 하려면 절대적으로 팀원들과 공감하면서 가야 한다. 아무리 팀장이 하고 싶은 것도 팀원들이 따라주지 않으면 의도한 방향으로 가지 않는다. 팀장만 앞에 가고 팀원들은 뒤처져 달리는 어처구니없는 상황에 처할 수 있어 리더십에 문제가 발생한다. 팀원들도 이러한 궁금증에 기꺼이 동참하도록 해야 한다. 팀원 중에 본인이 맡은 역할과 업무를 잘 해내고 있고, 이러한 일에도 관심을 보이는 팀원이 해야 한다.

팀원에게 자율성을 주면서 팀장도 끊임없이 고민해야 한다. 실험 결과에 대해서는 즉시 공유하게 하고, 실험에서 놓치고 있는 요소가 없는지 살펴보며 측면 지원도 해야 한다. 제대로 굴러갈 때까지는 팀장도 이 프로젝트의 일원으로서 챙겨야 가능하다.

미국의 정신건강 컨설턴트이자 작가인 수엘렌 프라이드(SuEllen Fried)는 "시도했다가 실패하는 것은 죄가 아니다. 유일한 죄악은 시도하지 않은 것이다."라고 했다. 방향이 정해졌다면 시도하자. 시도하지 않으면 얻을 수 있는 건 없다. 감수할 수 있는 리스크의 범위를 정한 뒤 실행하고 결과 도출을 이끌어내야 한다. 실제 해보면 개선점을 찾을 수 있고, 보이는 문제뿐만 아니라 보이지 않은 잠재적인 문제까지도 찾는 능력이 올라간다. 실행이 정답이다. 궁금하면 실험한다. 해보면 열정이 생기고 그 열정에 의해 또 다른 일이 보인다. 결국 실험해보는 것이 차별화를 가져온다. 실험은 팀장이 갖고 있는 그릇을 깨부수고 더 큰 그릇을 만드는 과정이다.

문제를 각인시키고 되새김질하자

　상사가 구성원을 만나면 보통 질문을 한다. 요즘 무슨 고민을 하고 있습니까? 상사는 구성원이 문제의식을 갖고 무엇을 고민하고 개선하려는지 알고 싶어 한다. '요즘 고민되는 것이 뭐지요?' 본부장이 지금 팀장에게 이렇게 물어본다면 어떻게 말하겠는가? 이때 상사의 눈높이에서 봤을 때 고민되는 것이 없다거나 시시한 것을 고민하고 있으면 "아~, 이 정도 수준에서 고민하고 있구나."라고 판단할 수 있다. 상사는 상대 생각을 알려고 한다.

　상사가 질문했을 때 상사도 궁금하게 생각할 것을 말해주거나, 상사도 미처 생각지 못한 이슈를 고민하고 있는 게 있어 말해준다면 만족해할 것이다. 팀 내에서 개선하려고 시험해 보고 있는 일도 의미가 있다. 여기서 핵심은 자신이 하고 있는 일 중심에서 상사가 궁금해할 것을 알려주는 게 우선이다. 상사는 자신의 궁금증을 해소할 수 있는 팀장에게 더 자주 의견을 물어본다. 상사는 팀장이 이슈 사항을 얼마나 고민하는가를 통해 그 팀장의 업무 수준을 판단할 수 있다.

　고민한다는 것은 이슈를 다양한 각도에서 입체적으로 파악한다는 것이다. 고민하면 이슈의 깊이와 폭을 온전히 이해하게 되어 해결의 실마리를 알아가게 된다. 이렇게 숙성된 이슈는 그것과 관련된 어떤 질문을 받거나 의견을 내야 할 때 팀장의 입장이나 견해를 말할 수 있게 한다. 기회가 주어지면 일목요연하게 의견을 펼칠 수 있어 이해관계자를 설득하는데 보탬이 된다. 이런 고민 방식이 차별화를 만들어 낸다.

인간 행동의 90퍼센트는 무의식이 결정한다

팀장들은 고민되는 사항이 있을 때 각자 나름대로 해결책을 찾아가는 방법이 있을 것이다. 필자가 실제 체험하고 활용하고 있는 방식을 소개하고자 한다. 무의식을 활용하는 방법이다. 문제가 있을 때 일단 문제를 무의식에 각인시키는 것이다. 무의식을 이용하는 방법에 대해서 많은 석학들이 이미 다양하게 거론했다.

일찍이 정신분석학의 대가 프로이트는, '인간은 이성적 존재가 아니라 무의식에 휘둘리는 비합리적인 존재'로 규정했다. 구스도 후토시는 그의 책《무의식을 지배하는 사람 무의식에 지배당하는 사람》에서 "무의식이 우리의 몸과 마음을 움직이고 있는데도 많은 현대인들이 그것을 간과한 채 자신의 의지로만 삶을 바꾸려고 노력하기 때문에 인생이 괴롭고 불안하며 짜증이 나는 거다."라고 지적했다. "인간 행동의 90%는 무의식이 결정하는데, 대부분의 사람이 10%의 표면의식에만 매달린 채 안간힘을 쓰고 있다."라는 것이다. 습관적으로 하는 행동, 본능들은 이러한 무의식에 그려진 대로 나오는 것이며,

이는 사람마다 다른 패턴을 만든다. 이것을 이용해 자신의 경험을 토대로 고착화된 무의식의 패턴을 변화시켜 몸과 마음뿐만 아니라 일상생활에서 벌어지는 다양한 문제를 해결할 수 있음을 제시하였다.

생각 정리를 무의식에 맡겼다

필자는 4개월간 합숙하는 교육과정에 참여한 일이 있었다. 교육과정 중에 회사 경영관리 개선안을 제안하는 과제를 부여받았다. 현재 경영에 사용되는 많은 제도와 규정, 시스템들의 틀을 분석하여 개선안을 내는 것이다. 처음에 설문과 인터뷰를 통해 회사 경영의 문제점에 대한 다양한 의견을 들었지만, 어떻게 개선할 것인지 개선안 낸다는 것이 만만한 과제는 아니었다. 지금까지 수많은 구성원이 고민하고 실행하면서 나름 정립된 체계이기에 어떤 개선 제안도 장점이 있는 반면에 단점이 있기 마련이었다. 이는 인사평가의 공정성을 논할 때 회사가 처한 환경과 수용할 구성원들의 자세, 회사의 문화 등이 얽혀있어 어느 평가안도 모든 구성원에게 합당한 정답이 되지 않는 것과 유사하다.

일상적인 방법으로 개선안을 내기는 어렵다고 생각했다. 그러던 중에 우연히 매일 아침 침대에서 막 깼을 때 과제를 고민하게 되었는데, 이 시간에 하루 어느 시간대보다도 깊이 있게 생각할 수 있었다. 낮 시간에 지속적으로 생각하는 것보다 아침 기상의 찰나에 더 참신한 아이디어가 나온다는 것을 느꼈다. 그다음부터는 아침에 침대에서 깼을 때 반복적으로 과제에 대해 더 생각하는 시간을 의도적으로 가졌다. 이런 행위를 반복적으로 한 달 정도 하고 난 어느 날 아침에 갑자기 도출된 아이디어들이 연결되면서 마지막 퍼즐이 맞춰지는 것을 느꼈다.

바로 침대에서 일어나면 잊어버릴 것 같아 몇 차례 처음부터 반복해서 내용을 확인한 다음 일어나 바로 노트에 작성했다. 그랬더니 만족할 만한 결과로 정리가 되었다. 아침에 반복적으로 생각하는 것만으로 만족스런 해결책이 도출되는 것이 신비롭기까지 했다. 그 이후에 이 안으로 발표해서 좋은 평가를 받았다.

이런 일을 겪은 후 두 가지 의문점이 들었다. 하나는 '고민이라고 인식시켜 놓은 것을 반복적으로 끄집어내어 생각하니 갑자기 해결되는 것은 어떤 작동 원리인가?' 다른 하나는 '왜 아침에 생각이 잘 정리되는 것일까?'였다. 여러 책과 자료를 찾아보면서, 이론적으로 뒷받침할만한 근거들을 알아낼 수 있었다. 이미 여러 사람들도 이와 유사한 경험을 한 내용을 보면서 어느 정도 의문점이 해소되었다.

고민으로 인식된 것은 왜 갑자기 풀릴까?

서울대학교 황농문 교수는 몰입으로 문제를 해결하는 방법을 그의 저서 《인생을 바꾸는 자기혁명》에서 다음과 같이 제시했다.

"생각을 계속하게 되고 이것이 고도로 활성화된 장기기억에 작용하여 놀라운 문제해결 능력과 수많은 아이디어를 얻을 수 있다. 주어진 문제에 대하여 자나 깨나 깊이 몰입해서 생각할 때 그래서 그 문제를 푸는 의식적인 노력이 수면 중에도 연속될 때 수면 상태의 활성화된 뇌가 활용되고 그 결과로 문제가 풀린다."

관점 디자이너인 박용후 교수 역시 그의 책 《관점을 디자인하라》에서 비슷한 맥락의 견해를 밝힌 바 있다.

"좋은 질문은 우리 스스로 성찰하게 한다. 물론 질문을 하다가 해답을 얻지 못할 때도 많다. 생각이 정말 풀리지 않을 때도 있고, 맡겨진 일을 어떻게 풀어야 할지 답이 안 나올 때도 있다. 풀리지 않는 것이 있을 때 나는 그것을 머릿속에 계속 올려놓는다. 내가 답을 찾지 못하고 보지 못했을 뿐, 해결방법이나 해답은 있다고 생각하기 때문이다. 그러다 보면 계속 생각하고 고민을 하지 않더라도 머릿속에서 스파크가 일어날 때가 있다. 생각이 번쩍 떠오르는 것이다 그러면 문제가 해결된다."

일상에서도 이런 경험을 해 보았을 것이다. 간단한 사례로 이름이 금방 생각나지 않아 기억해 내려 노력해도 금방 생각해 내지 못했지만, 그 후에 산책하거나 화장실에서, 또는 어떤 일에 몰입되어 일할 때 갑자기 떠오른 경험이 있을 것이다. 의도적으로 알아내려고 할 때보다 각인만 시켜놓고, 즉 무의식에서 작동하도록 해놓고, 그냥 가만히 뒀을 때 문제의 답이 머리에 더 잘 떠오른 것이다. 처음에 뭔가 알려고 하고, 고민하는 과정에서 뇌의 무의식 층위에 입력이 되고, 무의식에 의도적으로 넣어둔 내용은 스스로 답을 찾아 도출해낸다는 것을 알게 되었다.

왜 아침에 생각이 잘 정리되는 것일까?

세계적인 수면 전문가이자 임상심리 의사인 마이클 브레우스 박사는 그의 책 《WHEN 시간의 심리학》에서 "모든 일에는 그 일을 하기에 가장 적합한 시각이라는 것이 있다. 좋은 타이밍은 당신이 선택하거나 추정하거나 임의로 결정하는 것이 아니다. 그 타이밍은 이미 당신의 유전자 속에 정해져 있다."라고 한다. 그리고 그는 많은 연구와 실험을 통해 생체 리듬의 측면에서 인간을 4가지 유형으로 분류했다. 유형별로 업무 능력, 창의력, 분석력 등을 가장 높은 수준으로 발휘할 수 있는 시간대가 다르다고 한다. 그런데 팀장이 고민하는 대다수는 여러 복잡한 변수들을 갖는 문제일 것이다. 이런 복합 사고를 하기에 가장 좋은 시간대는 유형에 관계없이 공통적으로 '램수면을 취하고 일어난 뒤 30분 동안'이라고 이 책에서 밝혔다. 램수면은 몸은 자고 있으나 뇌는 깨어있는 상태의 수면을 말한다. 전체 수면의 약 20~25%를 차지하며, 성인의 경우 하룻밤에 4~6회 반복하는, 깨어있는 것에 가까운 얕은 수면이다. 대부분의 꿈은 램수면 상태에서 이루어진다.

그는 또 "잠을 자는 동안 뇌는 낮에 입력된 기억들을 강화하고, 과거의 경험과 감각의 기억들을 합치고 섞는다. 오래된 기억과 새로운 기억이 하나로 뭉쳐져 덩어리를 만들고 이는 아침에 깨어났을 때 연관되는 연결점을 만들며, 필요할 때 그 퍼즐 조각을 갑자기 드러낸다."라고 했다.

필자도 아침에 깬 후 침대에 그대로 누워 해결해야 할 문제를 되새김질해 보면 어제보다는 더 정리되어가는 것을 느낄 수 있었다. 이후에는 습관적으로 고민해야 할 일이 있으면 아침에 정리해보는 버릇을 들였다. 많은 문제들을 이런 방법으로 해결했다. 리더들은 많은 고민을 한다. 어떤 때는 이런저런 고민으로 저녁에 편하게 잠들기도 어렵다. 그러나 아침에 자신이 할 수 있는 최선의 방안으로 잘 정리할 수 있다고 스스로 확신하게 되면 저녁 고민이 줄어들 것이다.

숙성은 주기적인 되새김질과 정리가 뒤따라야 한다

간단한 것은 한 번만 인식해도 그대로 기억이 되살아나 풀릴 수 있다. 하지만 여러 가지 얽혀있는 복잡한 문제는 의도적으로 되새김질해 주어야 진척이 된다. 되새김질이 반복될수록 문제가 숙성되어 간다는 것을 알 수 있다.

숙성시키는 과정에서 번쩍이는 아이디어가 떠오르면 기록해 두어야 한다. 인사이트를 얻으면 정리를 해야 한다. 책을 통해, 이야기를 통해, 회의를 통해 좋은 인사이트를 얻어도 정리하지 않으면 허사다. 정리는 생각을 조직하는 능력을 만들어 낸다. 기록하지 않으면 순간의 기억은 과거의 기억이 되고, 과거의 기억은 이내 사라진다. 무언가 느낌이 오는, 놓치지 않아야 할 기억이라면 바로 기록해 두어야 한다. 그래야 필요할 때 다시 꺼내 사용할 수 있다.

서울대 황농문 교수도 《인생을 바꾸는 자기 혁명》에서 다음과 같이 말한 바 있다.

"기억에 필요한 신경 전달 물질인 도파민, 세로토닌, 노르아드레날

린의 양이 수면 중에는 극히 감소하다가, 잠이 깨면 노르아드레날린이 갑자기 증가한다. 따라서 많은 사람들이 선잠 상태에서 많은 아이디어가 잘 나오는데 노트에 기록하지 않으면 쉽게 잊어버린다."

이제 복잡한 문제는 많은 시간을 들여 고민하지 말고, 일단 머리에 문제로 인식해두자. 어느 순간 생각지 못하게 진척되어 있을 것이다.

문제 해결의 첫발은 팩트 확인이다

거짓이 사실을 압도하는 사회에 살고 있다. 보이는 것이 전부가 아니다. '팩트 체크의 중요성'은 언론에서 먼저 강조하고 있다. 2015년 대한민국의 한 언론사의 뉴스룸에서 시작된 '팩트 체크' 코너가 이제는 어느 방송이나 언론사의 뉴스에서도 꼭 있어야 할 코너로 자리 잡았다. 이렇듯 우리는 거짓이 사실을 압도하는 사회에 살고 있다 해도 과언이 아니다.

2016년 옥스퍼드 사전은 '그해의 단어'로 '탈진실(Post-Truth)'을 선정하였고, 영국의 사전 출판사 콜린스는 2017년 '그해의 단어'로 '가짜 뉴스(Fake News)'를 선정했을 정도로 거짓에 대한 우려의 목소리는 높아지고 있다.

팩트는 '시간상, 공간상 실재하는 것으로 발견되는 존재, 또는 객관적 사실'을 의미한다. 회사나 조직에서 일어나는 여러 가지 문제들의 팩트도 사실 확인 과정 없이 믿고 가면 더 큰 이슈를 만들어 내는 경우가 있다. 보고서나 발표 내용에서 제시하는 데이터나 사실이 의심되거나 궁금증을 유발한다면 시간이 걸리더라도 반드시 객관적인 사실에 기반을 둔 '팩트 체크'를 기본으로 해야 한다.

팩트 확인도 힘이다

팀장은 일상적으로 팩트의 진위 여부를 확인하는 힘이 있어야 한다. 회의를 하거나, 보고를 받는 현장에서 설명을 들을 때 결과에 영향을 미치는 사실이 있다면 팩트 확인이 필요하다. 사실 확인이 되지 않은 팩트에 허점이 있을 경우 나중에 그 사실을 믿고 추진한 일들에 큰 영향을 미친다.

조직에서 문제가 있을 때 보고자는 배경을 설명하고 문제의 원인을 이야기하고, 개선책을 제시한다. 그런데 이런 논리 흐름에 사용된 팩트의 진실 여부를 확인하지 않고 맞다고 보고 원인과 대책을 이야기하는 경우가 있다. 보고받다 보면 원인과 개선에만 초점이 맞추어져 이러한 기본 팩트 확인을 소홀하게 대하는 것을 본다. 리더는 일할 때 반드시 팩트를 확인하는 습관을 들여야 한다. 사람 뇌 구조는 어떤 문젯거리에 본인 의견이 없다면 상대가 말하는 스토리에 매몰되어 사실 확인을 등한시하는 경향이 있다. 의도적으로 팩트를 확인해야 하는 이유이다.

일상생활에서도 팩트 확인의 중요성이 확산되고 있다. 예를 들어, 화장지에 무형광. 무포름이라고 적혀 있으면 화학물질이 없는 화장지라고 생각한다. 무형광, 무포름 화장지가 실제로는 화학물질이 들어간 화장지일 수 있다. 화장지를 만드는 원단 자체가 천연펄프가 아니라 재생 원단일 수 있기 때문이다. 재생원료는 원료 자체에 이미 인쇄 물질, 화학물질 등이 들어가 있는 복사지, 우유팩, 각종 종이 등을 사용한다. 재생원료라도 화장지를 만드는 과정에서 인위적으로 다시 형광물질 등의 화학물질을 넣지 않으면 무형광, 무포름이라는 문구를 넣어도 문제가 되지 않는다고 한다.

특히 재테크에서도 고객이 재테크 상품에 대해 팩트 확인을 소홀히 해서 한순간에 큰 손실을 봤다는 뉴스를 자주 접한다. 의심이 들면 사실을 확인해야 한다. 그래도 의심이 풀리지 않으면 '크로스체크'를 통해 확신이 들 때까지 검증해야 한다.

정치, 경제에서도 팩트 확인의 필요성이 더욱 부각되고 있다. 프랑스는 대선 기간에 '크로스체크 프로젝트'를 운영했는데 이는 가짜 뉴스에 대응하기 위한 한 사례이다. '크로스체크'는 가짜 뉴스 홍수 속에서 독자들에게 정보 분별 능력을 제공하는 프로젝트였다. 프랑스 언론사를 비롯한 대학·IT기업·비영리 기구가 협업해 인터넷에 떠도는 루머와 조작된 기사에 대한 사실 여부를 검증하였다. 검증된 결과 정보들을 '진짜, 가짜, 근거 불충분'으로 분류하여, 팩트 확인에 참여한 언론사의 로고와 함께 기사 형식으로 화면에 실었다. 앞으로는 검증된 뉴스가 일반 뉴스보다 가치 있게 인정받게 될 것이다.

회사에서도 팩트가 잘못되면 전체 사업에 지장을 줄 수 있다. 문제가 발생했을 때 가벼운 것은 해당 보고서의 내용 수정으로 끝날 수 있지만, 전체에 영향을 주는 것은 심각할 수 있다. 팀에서 그런 보고를 했다면 그 바로 책임자인 팀장 신뢰에 영향을 준다.

팩트는 객관적 사실을 언급하여 어떤 상황의 확신을 주는 데 사용된다. 이 사실을 기반으로 다음에 취해야 할 방향을 정한다. 만일 어떤 일이든 팩트가 잘못되었다는 것을 알았다면 즉시 보고하고 수정해 주어야 한다. 팩트가 아님을 알고도 그냥 둔다면 그로 인해 야기되는 문제는 개인과 조직 신뢰에 크게 영향을 미친다.

팩트 확인을 제때에 하지 못해 회사뿐만 아니라 사회 전반에 걸쳐 큰 파장을 몰고 온 사례들이 증가하고 있다. 신약개발과 의료분야, 금융분야는 단골 메뉴로 팩트 확인의 중요성을 알려주고 있다.

의문을 해소하는 것이 팩트 확인이다

팩트 확인을 소홀히 했다면 추가적인 비용이 발생할 뻔한 적이 있었다. 여름에 온도 영향을 크게 받는 장비를 운용했었다. 통신장비는 다양한 전자장치들로 구성되어 있어 적절한 온도가 중요하다. 특히 여름에는 외부 이상 기온에다가 내부 전자장비 자체가 발생시키는 열까지 겹쳐 적정 온도를 넘는 경우가 있어 항상 주의를 요구한다. 회사에서는 운용 중인 특정 장비의 온도를 적절하게 유지시키는 매뉴얼을 배포했고, 그 방법을 적용하게끔 했다.

어떤 현장에서는 회사가 내려준 지침대로 했는데도 원하는 범위 내에서 온도가 유지되지 않아 여러 고민을 하다가 개선 방안을 찾았다고 자랑했다. 그러나 신규 아이디어는 작업하기 어려웠을 뿐만 아니라 추가적인 비용도 드는 개선안이었다. 그래도 다른 방법이 없다면 비용이 들더라도 새로운 개선안을 적용할 수밖에 없다고 생각했다. 마지막으로 의사결정을 하기 전에 직접 현장에서 확인하고자 했다. 필자는 회사에서 처음 내려준 방법대로 했는지 다시 보았다. 작업은 이상 없이 잘되어 있었다. 그런데 온도는 적정선에서 유지되지 않고 범위를 초과해서 유지되고 있었다. 왜 이런 현상이 일어나는지 유심히 다시 하나하나 점검해 보았다.

많은 점검 포인트를 조사했는데도 오리무중이었다. 다시 원점에서 찾아보기를 몇 차례 거치는 과정에서 한 가지 이상한 점을 발견했다. 각 장비에서 온도를 내리기 위해 여러 팬이 동작하고 있었는데 그중 한 시스템의 팬에서 나오는 바람의 세기가 다른 것을 느꼈다. 비록 팬 속도 조절 장치 계기판에는 이상이 없었지만 팬 속도를 측정하게 해 보니 적격보다 30% 정도 느리게 동작하고 있었다. 그러니 제대로 온도가 내려가지 않는 것이 당연했다. 부품을 교체한 후에 작동시키니 온도가 다시 원하는 수준까지 내려갔다.

이후에는 매뉴얼에 팬의 바람세기를 측정하는 일이 추가되었다. 원래대로 했는데도 안 되면, 다시 왜 안 되는지 철저한 원인 규명이 선행되어야 한다는 것을 일깨워 주었다. 개선하기 위해 빨리 달려나가는 것도 좋지만, 의문이 있다면 먼저 의문을 해소하고 가야 실수가 없다. 이것 또한 팩트 확인이다.

통찰력은 하늘에서 오지 않는다

예리한 관찰력으로 문제를 꿰뚫어 해결해 내는 통찰력도 팩트에서 시작한다. 팩트가 잘못되면 통찰력도 틀린다. 그래서 미래 학자 최윤식 교수는 팩트의 중요성에 대해 "통찰력은 하늘에서 오지 않는다, 팩트에서 시작한다."라고 그의 책 《통찰의 기술》에서 강조했다. 그는 또 이 책에서 다음과 같이 역설했다.

"통찰이든 미래예측이든 사실에 기초를 두어야 지적 사기를 피할 수 있다. 원 식자재가 오염되거나 썩고 질이 낮으면 양념이나 칼이나 도마 같은 조리도구가 아무리 좋아도 결코 좋은 요리가 나올 수 없는 것처럼, 예측의 재료가 되는 정보나 지식이 오염되거나 거짓이면 예측 기법이 아무리 정교해도 예측 결과는 부실할 수밖에 없다."

원인을 정확하게 알기 위해서는 사실관계를 잘 따져 보아야 한다. 어떤 문제가 있을 때 빠른 개선에만 급급해서 팩트에 기반을 둔 원인 파악을 하지 않는다면, 그 후의 일은 헛다리 짚게 된다. 우리가 습관적으로 맞다고 여기는 곳에서 실수가 있을 수 있기에 선입견을 갖고 틀에 맞추지 말고 사실관계를 잘 확인해야 한다. 어설픈 경험이 사람 잡는다. 정확한 팩트에 기반을 두어 개선을 하지 않으면 또 다른 문제를 야기하고, 원인 파악이 안 된다. 헝클어진 실타래를 풀기 위해서는 실마리부터 찾아야 한다. 내가 지금까지 관행과 습관으로 봐 왔던 것부터 다른 관점에서 왜라는 의문을 품고 들여다봐야 한다. 팩트 확인이 시작이다. 이것이 진정한 성과 내기의 첫걸음이다.

밑바닥을 확인하라

"왜 이런 문제가 반복되는 거지?"

"저번에도 문제가 있어 프로세스를 변경했는데 아직 이런 문제가 있는 거야?"라고 회의에서 자주 말하게 된다.

흔히 조직에서 자주 사용되는 일처리 용어 중에 하나가 '프로세스'이다. 프로세스란 일이 처리되는 경로나 공정이다. 업무 프로세스는 어떤 업무를 완료하기 위하여 처음부터 마무리될 때까지 단계별로 해야 할 절차를 말한다.

어떤 문제가 있어 해결책을 찾는 회의에서 쉽게 나오는 결론이 프로세스 변경이다. 보통은 프로세스 변경만 하면 모든 것이 순조롭게 진행될 것이라고 생각하기 쉽다. 그러나 프로세스는 변경되었지만 얼마 지나지 않아 다시 유사한 문제들이 드러나는 경우를 자주 접한다. 본질을 꿰뚫지 못하면 문제는 항상 재발하기 마련이다.

문제를 해결하기 위해서 새로운 프로세스 개선안을 제안하는 것은 문제해결의 일부라는 것을 명심해야 한다. 더 중요한 것은 후속적으로 정확하게 실행하고, 확인하고 점검하는 작업이다. 단계별로 리더가 현장에서 밑바닥을 정확하게 확인하는 작업이 뒤따라야 제대로 작동이 된다. 프로세스 변경이 만능은 아니다.

회사의 업무에서는 이러한 다람쥐 쳇바퀴 도는 일들이 반복적으로 일어난다. 그런 경험이 있는 팀원은 프로세스 변경에 회의적이다. 조직이 바뀌고, 사람이 바뀌어 새롭게 업무를 맡게 된 사람은 발생한 문제의 한 단면만 파악하고 프로세스 변경을 주저하지 않는다. 그러나 이런 식의 단편적인 프로세스 변경은 결국 다람쥐 쳇바퀴의 틀에 갇히는 결과를 초래한다. 본질적인 원인을 잡지 못하면 문제는 반복적으로 발생한다.

물론 프로세스를 변경해야만 하는 경우도 있다. 환경의 변화, 조직 간 업무의 변경, 고객을 포함한 이해관계자들의 요구 사항 변경으로 인해 기존 프로세스로는 소화할 수 없는 업무가 있기 때문이다. 하지만 더 중요한 것은 기존 프로세스 자체가 잘못되어 작동하지 않는 것이 아니라 '프로세스대로 제대로' 작동시키지 않아 누적된 문제일 가능성이 크다.

비록 프로세스를 변경해야만 하는 경우라도 처음에는 제대로 작동하는 것처럼 보일 수 있지만, 프로세스를 정확하게 안착시키지 못하면, 시간이 지나면서 다시 문제를 일으킨다.

왜 프로세스 변경이 반복되는 걸까?

어떤 것이 이슈가 되었을 때, 자신의 문제점, 점검에 초점을 두지 않고 업무의 틀인 프로세스를 바꾸기만 하면 해결되는 것으로 여기는 경우가 종종 있다. 이는 문제의 원인을 파악하는 과정에서 누구의 문제, 어느 조직의 문제로 비화 되는 것을 피하려는 것도 작용한다고 본다. 또한, 프로세스 변경은 책상머리에서 계획하고 그려 낼 수 있기도 하고, 프로세스 변경 전과 변경 후를 서류상으로는 명확하게 분리할 수 있어 보고하기에도 좋기 때문이다. 이처럼 문제를 대하는 관점이 잘못되면 드러난 이슈 사항은 프로세스 변경으로 당장은 해결되는 것처럼 보이지만 실행단계에서나 시간이 경과했을 때 묻혀 있던 허점들이 또다시 드러난다.

프로세스를 변경한다면 제대로 안착될 때까지 시간이 걸리는 것을 염두에 두고 추진해야 한다. 프로세스 변경으로 인해 문제점으로 지적된 것들은 보완될 수 있으나, 지속성이 없으면 과거 업무 관성 때문에 다시 원점으로 돌아간다. 팀원 입장에서는 기존의 업무는 줄지 않고 새로운 프로세스로 인하여 업무가 늘어날 수 있어 시간이 지나면서 상대적으로 소홀해진다.

특히 새로운 프로세스는 현장까지 정확하게 전달하여 안착시키는 게 쉽지 않다. 중간 전달 과정에서 이해 수준에 따라 다르게 전달되거나, 전달받은 현장 구성원의 실행력에 따라 정착되는 데 시간이 걸린다. 그래서 프로세스를 새롭게 만드는 것보다 원래 생각한 대로 작동하는지 점검하는 것이 더욱 중요하다.

프로세스 변경은 '실행-확인-주기적 점검'이 지속되어야 안착된다

첫 번째, 제대로 실행을 해야 한다.

현장단까지 실행되도록 해야 한다. 프로세스를 변경했지만, 모르는 경우나 잘못 전달되는 경우가 많다. 현장은 기존의 익숙한 운영 방법을 선호한다. 기존의 방식에 익숙해져 있기 때문에 새롭게 변경한 방식의 프로세스는 서툴러 숙달될 때까지 노력이 필요하다. 새롭게 알아야 할 절차가 더 많을 수 있다. 그러나 문제점을 없애기 위해서는 당장의 어려움을 이겨내야 한다. 사소한 일처리라도 지침대로 세밀하게 적용하도록 해야 한다.

두 번째, 확인이다.

현장에서는 실행 문서의 내용을 완전하게 이해하지 못하거나, 편안한 각자의 방식대로 해석하여 적용할 수 있다. 일을 세분화하여 각 프로세스 단계마다 제대로 변경되었는지를 확인해야 한다. 지침과 다른 1도의 차이가 시간이 지나면서 프로세스에 문제를 발생시킬 수 있다. 프로세스를 변경했으면, 될 수 있는 한 철저하게 데이터까지 확인해야 한다.

필자의 경우, 운용 중인 배터리의 성능 저하를 알기 위한 프로젝트를 진행했다. 통신장비는 전기가 들어오지 않는 특수한 경우라도 일정 시간 통신이 되도록 배터리를 사용한다. 이런 배터리를 오랜 기간 사용하다 보면 성능이 떨어져 정작 필요할 때, 제 기능을 발휘하지 못할 경우가 있다. 따라서 평소 성능 변화를 알기 위해서 배터리 성능과 관련된 데이터를 주기적으로 측정하여 쌓인 데이터를 활용해 분석하여 배터리를 교체할 수 있게 했다.

배터리 데이터를 자동으로 수집하기 위해 처음에는 현장 운용자가 배터리 번호에 맞게 측정기를 설정해주는 수작업이 필요했다.

몇 차례 보고 과정에서 측정은 잘되고 있다고 설명을 들었다. 어느 날은 현장에 갈 일이 있어 배터리 데이터가 제대로 쌓이고 있는지 확인도 해 보고 현장의 어려움은 없는지 이야기를 들어보기로 했다.

직접 측정도 해보고 입력된 데이터도 확인해 보았다. 현장에서 몇 개의 배터리 측정 데이터를 무작위로 체크하니 실제 입력된 데이터와는 다른 게 아닌가? 어찌 되었는지 알아보니 이웃하는 다른 배터리의 측정값이 들어가 있었다. 원인은 초기 배터리 위치 정보 입력값 설정에 문제가 있어서였다. 혹시나 해서 다른 곳도 점검했지만 몇 지역에서 다르게 입력된 것을 파악할 수 있었다.

배터리 데이터 분석에 이런 위치가 틀린 데이터가 들어가면 성능저하라고 판단하는 분석 시스템의 오류를 가져오고, 왜 그런지 많은 분석이 뒤따라야 하는 문제를 발생시킨다. 다행히 초반에 발견해서 데이터의 신뢰를 확보하고 쉽게 분석할 수 있어 다행이었다.

그러나 잘하고 있다고 스스로 생각했던 현장 담당자는 얼마나 당황했겠는가? 처음 도입될 때 하나하나 밑바닥까지 확인해 보지 않으면 이런 문제가 잠재하게 된다.

현장에서 알고도 잘못하는 경우도 있지만, 모르고 잘못하는 경우도 있다. 현장에서의 확인만을 신뢰할 수 있다. 팀장은 프로세스 변경만 하면 안 된다. 프로세스 변경은 가이드일 뿐이다. 가이드만 있다고 잘되지 않는다. 현장 구성원들이 바뀐 취지를 알고, 매뉴얼에 따라 진정으로 실행해 주어야 탄력이 붙는다. 실행해야 할 현장 구성원들이 충분히 알고 제대로 한다손 치더라도 리더는 더 앞을 내다보아야 한다. 당초에 하려고 했던 결과가 나오는지를 평가해야 한다. 시간이 걸릴 수 있다. 하지만 아무리 좋은 취지의 프로세스라도 결과가 원하는 수준이 되어야 잘된 거다.

세 번째, 주기적 점검이다.

처음에는 잘 작동되는 것처럼 보일 수 있다. 사람들의 관심이 있기 때문에 잘 작동된다. 그러나 일정한 시간이 지나거나, 일이 많을 때 현장에서는 사소하다고 생각되는 것을 시간 있을 때 하려고 미루게 된다. 그렇다고 금방 문제가 드러나지는 않는다. 어려움은 여기서 발생한다. 미루어 둔 일이 연말쯤 인사이동이 있는 시기와 겹치면 다음에 이 업무를 맡은 담당자는 더 등한시하게 된다. 이런 일이 누적되면 다음에는 어디에서부터 해결해야 할지 알 수 없고, 하고 싶어도 한계에 부딪힌다. 그래서 주기적 점검이 필요하다.

한번 세운 프로세스를 지속적으로 잘 작동시키기 위해서는 리더의 꾸준한 관심이 필요하다. 리더의 관심은 주기적으로 현장에 가서 점검하는 일로 표현된다. 그래도 팀장이 현장에 가기 어려우면 다른 선임 팀원을 구체적으로 지정하여 점검할 수 있도록 해야 한다. 한번 실행한다고 모든 게 바로 잘 작동되지 않는다. 변경된 일처리가 익숙해지고 습관화될 때까지 지속적인 점검이 필요한 이유이다.

초반에 깨진 게 잘된 거다

"성공이라는 글자를 현미경으로 들여다보면 그 속에는 수없이 작은 실패가 개미처럼 많이 기어 다닌다."

정호승 시인의 산문집 《내 인생에 힘이 되어준 한 마디》에 실린 글귀다. 내가 깨지든, 남이 깨지든, 깨진 것은 실패를 통해 배울 수 있는 기회이다. 무엇 때문에 깨진 것인지 분석하여 바로 반영한다면 전화위복이 된다. '반면교사'란 다른 사람의 잘못된 일과 실패를 거울 삼아 나의 가르침으로 삼는다는 뜻이다. 이는 다른 사람의 부정적인 모습을 가르침으로 삼는 뜻도 있지만 한번 잘못한 일을 다시금 되풀이해서는 안 된다는 의미도 지닌다.

일본에서 '실패학'을 연구하는 하타무라 요타로 도쿄대학교 명예교수도 그의 저서 《써먹는 실패학》에서 같은 이론을 폈다.

"최소한의 실패를 경험하자. 다른 사람의 실패도 눈여겨보자. 이렇게 배우는 것이 실패에서 지식을 얻는 최고의 한 수다."

실패에서 배우면 큰 실패를 막고 성공의 지렛대로 활용할 수 있다는 것이 그 연구의 핵심이다.

성공한 사람들은 그렇지 못한 사람들과는 전혀 다른 방향으로 실패에 대처한다. 성공하는 사람도 역시 실패를 겪지만, 큰 실패는 정확하게 막아내고 초기에 작은 실패는 활용해서 성공을 손에 쥐는 점에서 차이가 난다. 실패하면 기본적으로 목표에 왜 도달하지 못했는지를 체계적으로 분석하는 과정이 있다. 그리고 이를 통해 더 커다란 실패를 예방하는 방법을 도출한다.

어떤 일이든 주변에 많은 사람들은 실패한 경험을 갖고 있다. 이런 사람들의 이야기를 들을 수 있다면 실수 없이 가기 위한 좋은 참고자료가 된다.

현명한 팀장으로 성장하는 과정에서 가장 큰 도움이 되는 것은 앞서 유사한 상황에서 실패를 겪은 이들의 경험담이다. 하지만 성공담을 접하기는 쉬워도 실패한 사람의 경험을 접하기는 쉽지 않다. 어느 정도 성장하기까지 사소하게 깨지는 것은 시행착오를 줄여주고 개인의 직장 생존 근육을 단단하게 해준다. 깨짐이라는 자극과 자기성찰이라는 마음의 단련이 연결될 때 강한 생존 근육이 만들어진다. 깨졌을 때 이를 통해 실수를 줄이고 일의 완성도를 높이는 방향으로 나아가야 한다.

깨진 것은 실패로부터 배울 수 있는 기회다

깨진 후에 지금 깨진 것에만 집착할 필요는 없다. 원인을 제대로 분석하지 않으면, 다시 비슷한 상황을 맞게 된다. 보통 이럴 때 팀장의 태도가 중요하다. 팀원은 팀장의 대응 태도를 보고 그다음의 일처리를 어떻게 할 것인지 결정한다. 깨지면 당장은 아프지만, 원인을 객관적으로 보고 분석해서 다음을 준비한다면 상황은 달라진다.

팀장이 본부장에게 질책을 받은 뒤, 그때 상사가 다른 일로 기분 나빠서 그랬을 것이라고 짐작하거나, 괜한 트집을 잡는 재수 없는 날로 생각하는 경우가 있다. 어떤 경우는 깨졌다는 사실을 너무 피상적으로만 생각한다. 그래서 인정도 수긍도 하지 않는다. 이렇게 생각한다면 상사에게 지적받는 일은 재발할 수밖에 없다. 근본적인 해결책은 본인이 일을 바라보는 관점과 일을 풀어내는 방법에서 상사와 무슨 차이가 있는지 찾는 데에 있다. 냉철하고 철저하게 분석해 보아야 한다. 팀장 자신이 알아차리지 못한다면 반복적으로 그 패턴이 나타나게 된다.

깨지는 것이 반복되면 팀장에 국한하여 영향을 끼치는 것이 아니라 팀원에게도 영향을 준다. 다시 보고서를 만들어야 할 수도 있다. 보고가 마무리되어도 상사에게 남은 메시지는 C급일 거다. 열심히 하는 것은 알겠지만 체계적이지 못하고 전략적이지 못하다는 메시지를 남긴다.

알아차리기 위한 한 가지 방법은 종이를 꺼내어 사실을 쓰고 한번 돌아보는 습관을 갖는 것이다. 이때 기본적인 마음가짐은 상사는 선한 의도로 질책했다고 생각하는 것이다.

먼저 상사의 의견을 그대로 적어보는 것에서 출발한다. 지금 당장 현실을 무마하기 위해 지어내는 것이 아니라 정확한 사실만 적는 것이 중요하다. 객관적으로 자신의 실수에 대해 가감 없이 적어야 상황을 정확히 파악하고 이해할 수 있기 때문이다.

　다음은 어떤 것이 잘못되었는지 원인을 파악한다. 적어둔 사실 중에서 이번 일에 크게 영향을 미쳤다고 생각하는 것을 우선순위로 몇 가지 원인을 추려 낸다. 그리고 발췌된 원인만 잘 보완했다면 깨지지 않았을지 생각해 본다. 정확한 개선 방향이 나올 때까지 반복해서 대입한 후, 마지막으로 이렇게 알아낸 개선점을 반영해야 한다.

　개선점을 상사가 먼저 알려주면 당사자는 수동적이고 방어적으로 따라가게 되어있다. 어떻게 하면 주도적으로 할 수 있을지 고민이 필요하다. 내가 을이 되지 말고 갑이 되도록 일처리를 해야 한다.

을에서 갑으로 변해야 한다

　필자가 팀장으로 있을 때 동료 A 팀장은 주례보고 때마다 보고 내용으로 어려움을 겪었다. A 팀장은 시스템 운용의 실시간 데이터를 관리하는 팀장이다. 상사는 사회적인 이슈와 시스템 운용 데이터를 융합해서 보고할 것을 지시했다. A 팀장은 일정에 맞춰 작성하여 보고는 하는데, 매번 추가 분석을 요구받았다. 상사의 눈높이에는 미치지 못하여 추가적인 자료를 만들어야 했다. 또한, 상사는 보고를 받으면서 처음 지시한 것은 어느 정도 만족하였지만 추가적으로 궁금증이 생겼다. 요구 수준이 높아져 또다시 데이터를 분석하고 보고해야 했다. 그 후에도 이런 일이 반복되었다. 상사 입장에서는 이미 자료를 요구할 때 이것저것 다양한 생각을 많이 했기 때문에 궁금한 것이 더 많았다. 단순하게 지시한 것만 준비해서 들어가면 성에 찰리가 없었다.

이러한 사항을 다시 원점에서 분석해 보자.

첫 번째로, A 팀장은 요구 내용을 100% 이해했을까?

두 번째로, A 팀장은 구성원들에게 지시사항을 충분히 전달했을까?

지시사항을 명확하게 이해 못 하면 다른 과녁에 화살을 쏘는 것과 마찬가지다. 마침 그다음 연도에 필자가 그 일을 맡게 되었다. 그 일을 어떻게 잘할지가 당면 과제가 되었고 고민이었다. 팀원들에게 이런 고민에 대해 솔직하게 이야기하고 의견을 모았다. 그리고 팀원들의 생각에다가 필자가 평소 생각한 방안을 집어넣어 방책을 짰다.

먼저 상사의 요구사항을 다시 원점에서 분석해 보았고, 한 번에 끝내지 못하고 반복적인 요구가 왜 일어나는지에 대한 고민도 했다. 분석을 거듭하다 보니 그 일은 어떤 패턴을 지니고 있었다. 지시받기에 앞서 이 패턴을 포착하면 먼저 보고하려고 작정했다.

신문에 나오는 것 중에 업무에 연계되는 것들을 정리하고, 시기적으로 필요한 정보와 궁금해할 것을 준비하기로 했다. 이러한 데이터 중 고객 그리고 시스템과 관련된 정보를 이용해 추이 및 예측·분석해 보는 것을 상사는 주로 요청했다.

다음은 보고서를 작성하는 데 최대한 자원을 줄이는 방법을 고민했다. 보고서 작성은 누가 할 것인가? 한 사람에게 모든 것을 맡길 수는 없었다. 그렇게 해봐야 질 좋은 보고서가 나오기도 힘들다. 그 당시 팀은 10명 내외로 된 4개 파트로 나뉘어 있었는데, 각 파트에서 매주 한 가지씩 파트와 관련된 업무 중에서 시사점이 있는 데이터의 토픽을 제안하도록 했다. 그리고 제안된 토픽 중에 파트별로 한 달에

1건 정도 보고서를 작성하게 했다. 결과적으로 팀에서 매주 1건씩 보고서가 준비되었다. 결과는 대만족이었다.

그 후에는 해당 업무와 관련해 상사가 먼저 요구하는 보고서는 없었다. 이것이 선제적 보고의 장점이다. 내가 먼저 이슈를 분석하여 보고했기 때문에 상사는 고맙다고 느꼈다. 만일 추가 요청사항이 있더라도 간단한 것들이고 이미 분석하면서 더 고민했기 때문에 바로 설명할 수 있었다. 이렇게 해본 결과 지시받고 준비하는 업무량이 5라면, 예측해서 보고하는 것은 1 정도로 업무량으로 줄었다.

깨진 일이 나쁜 것만은 아니다. 초반에 깨진 것은 방향을 빠르게 바로잡을 수 있는 기회가 되어 오히려 잘된 것일 수 있다. 작은 실패로부터 배울 수 있는 기회다. 깨진 것을 철저하게 분석하여 대응하면 자신이 을에서 갑으로 바뀔 수 있다. 수동적 일처리가 아니라 능동적 일처리 방법이다.

수명(受命)업무는
선제 보고가 답이다

연중에 발생하는 수명업무는 대체로 조직에서 어려운 과제이고 또한 상사에게도 머리 아픈 일임이 틀림없다. 간단한 수명업무는 그날 바로 처리하면 되지만 여기서 말하는 수명업무는 상위조직에도 영향을 미치는 중요한 프로젝트를 말한다. 이런 업무는 상사에게도 크게 영향을 미치는 일이 될 수 있다. 따라서 상사는 일이 잘 마무리될 때까지 관심을 갖는다.

일을 받은 팀장은 상사에게 믿음을 줄 수 있도록 일을 처리해야 한다. 팀장이 일을 장악하여 주도하고 있다는 것을 보여주어야 한다.

수명업무는 상사가 관심을 가진 만큼 일 진행 상태에 대해 알고 싶어 한다. 따라서 일이 잘 진행되든, 어렵게 진행되든, 파악된 내용과 어떻게 일을 해결해 나갈 것인지를 선제적으로 보고해야 한다.

물론 담당 팀장은 보고 속도와 보고 정확성의 균형을 잡는 것이 고민될 수 있다. 상사에 따라서는 정확성을 중시하더라도 수명업무는 속도를 우선할 필요가 있다. 초기에 일을 장악하고 있음을 보여주는 것이 중요하기 때문이다.

업무를 장악하기 위하여 해야 할 행동이 있다.

먼저 업무 파악이다. 과제를 맡은 이후에도 업무와 관련된 관계자로부터 다른 의견이 흘러나오고, 일 진척도 더디면 상사는 잘 굴러가지 않을 것 같다고 의심하게 된다. 의심은 팀장에 대한 불신으로까지 이어진다. 이렇게 되면 팀 자체 힘으로 업무를 진행하기 힘들어지고, 수동적인 일처리를 하게 된다. 팀장도 상사의 세부적인 지시에 따라서 움직이는 틀 속에 갇히게 되는 화를 자초한다. 팀장은 이 일을 능동적으로 할 수 있도록 최단 시간에 업무를 파악해야 한다.

다음은 상사에게 일을 잘 처리하겠다는 긍정적 마인드를 보여주어야 한다. 긍정적인 마인드가 우선되어야 가능성을 볼 수 있다. 물론 어려운 과제일 수 있다. 현실을 그대로 잘 볼 필요도 있겠지만 그래도 빈틈을 찾아 가능성을 열어야 한다. 희박한 가능성이라도 찾고 파고들어야 한다. 일을 맡은 이상 어떤 사람이 일하는 것보다 더 잘해낼 수 있다는 것을 상사에게 보여야 한다. 초반에 신뢰를 얻지 못하면 상사의 관심이 과도하게 되고, 팀장이 일을 맡고는 있지만 자율성이 없어진다. 상사의 관심은 구체적으로 일이 잘 굴러갈 수 있다고 느낄 때까지 지속된다.

마지막은 주기적 보고이다. 상사는 일을 맡겨두고 기다리지 않는다. 일이 잘 작동될 때까지 경계를 늦추지 않을 것이다. 단계별로 목표한 지점에 다다랐을 때, 지금은 어디까지 왔고 앞으로 어떻게 해볼 생각이라는 것을 주기적으로 상사에게 보고하는 것이 핵심이다.

자의 반, 타의 반으로

필자는 '자의 반 타의 반'으로 수명업무를 맡는 것이 좋다고 본다. 자의 반 타의 반은 자신의 뜻이기도 하고 상대방의 뜻이기도 하다는 의미이다. 내 뜻인 듯하지만, 반드시 그런 것만이 아니라 상황이 그렇게 만든 경우를 가리키는 표현이다. 내가 하고 싶다고 나서는 것보다는 환경이 그렇게 만들어 주는 게 좋다는 것이다.

상사가 바로 한 팀을 지적해서 내려주는 수명업무가 아니라면 해볼 만한 방법이다. 보통 수명업무는 다른 팀의 협조가 절대적이다. 업무를 추진할 때 장애물이 나타나 혼자 힘으로 뛰어넘기 어려운 상황이 만들어질 수 있다. 에너지가 조기에 소진될 수 있어 지속할 수 없다.

현명한 팀장은 자신의 힘으로 모든 것을 헤쳐가지 않는다. 타인의 힘을 얻어 협력해서 제대로 된 길을 나아간다. 동료가 나보다 더 잘할 수 있는 일이라면 동료가 하도록 하고, 내가 하려고 덤비지 않는 것이 좋다고 본다. 각 팀장 본연의 일에 더 매진하여 잘하는 것이 현명한 방법이다. 그렇지만 반드시 알아야 할 것은 이런 일에 팀장이 최대한 지원하고 협조해야 한다는 점이다. 이런 일에 협조나 지원을 소홀히 한다면 크게 핑곗거리를 만드는 화를 자초할 수 있다.

아무도 나서는 사람이 없고, 일이 팀 간에 걸쳐있거나 본부에서 누군가는 해야 한다면 그때 나서도 된다. 물론 내가 할 자신이 있다면 먼저 나서도 된다.

일반적으로 수명업무는 상사, 동료 팀장 그리고 다른 팀의 협력과 지원이 필요하다. 동료, 상사의 협력을 얻기 위한 환경을 만들어 놓

고, 원활한 협조를 받을 필요가 있다

팀장의 능력이 제대로 드러난다

일상적인 팀 업무에서는 팀장 능력이 잘 드러나지 않는다. 왜냐하면, 팀마다 기존의 틀이 만들어져 있기 때문에 실수하더라도 잘 드러나지 않고 빠르게 복구도 된다. 그러나 수명업무는 당장 문제가 있거나, 상위조직에서 꼭 해결해야 할 일이기 때문에 성과 진척도가 명확하다. 당연히 상사 관심이 지대할 수밖에 없다. 이런 일은 정말 제대로 성과를 만들어야 한다. 상사가 생각하는 것 이상으로 깔끔하게 일을 처리해 내야 한다. 상사는 이런 일에서 팀장 실력을 제대로 평가할 수 있다. 이때 팀장의 능력은 오래도록 기억된다.

일을 빠르게 잘 진행해 성공적인 마무리를 하기 위해 강조하고 싶은 게 있다.

| 첫 번째, 상사의 지시사항을 제대로 파악하라.

수명업무는 어떤 경우보다도 업무의 익숙함이 기존 것과 다른 경우가 대부분이다. 따라서 지시사항을 제대로 빠르게 파악하는 것이 무엇보다 중요하다. 지시사항을 받을 때 확인하는 절차를 가져야 한다. 의심이 가면 더 철저하게 따지고 일을 시작해야 한다.

상사 이외에 수명업무에 대하여 잘 알고 있는 구성원이 있다면 그 사람에게서도 수명 업무를 둘러싼 그간 있었던 사항들을 들어본다면 어떻게 추진해야 하는지 맥락을 파악하는데 요긴할 수 있다.

팀장으로서 중요하지 않은 일이나 안 해도 되는 일은 하나도 없다. 기본적으로 다 해야 할 일이다. 하지만 상사 입장은 좀 다르다. 팀에 부여된 기존 일은 기본 업무로 본다. 수명 업무야말로 제대로 해야 하는 특별한 일로 여기는 경향이 있다. 또한 상사도 자신이 특별히 주문한 일에 대해서는 나름의 소유의식을 갖고 있다. 더 챙겨야 하는 일이라고 생각하여 일이 어떻게 진행되는지에 대해 많은 관심을 가진다. 따라서 팀장은 가장 먼저 상사 지시사항의 맥락을 읽어, 중요성과 시급성을 반영하여 먼저 그 일을 챙겨 추진해야 한다.

두 번째, 해낼 수 있는 팀원을 투입해야 한다.

팀 내에서 가장 일에 적합한 사람을 선제적으로 선발해야 한다. 이러한 구성원은 평소 변화에 선도적이며, 팀 일에 적극적인 사람으로 정해야 한다. 열정과 의욕이 있으며, 한번 해 보겠다는 사람이어야 한다. 구성원들에게 사실대로 설명하고 어떻게 하면 좋을지 논의를 통해 공감을 얻어야 한다. 할 수 있다는 긍정적인 분위기를 팀장이 만들어야 한다.

일을 해내기 위해 인력을 포함한 팀 외부적으로 필요한 자원이 무엇인지도 파악해야 한다. 기간이 지나고 난 후에 필요한 자원을 요청하는 것은 늦다. 제때에 필요한 자원을 요청해야 지원을 받을 수 있다.

세 번째, 소통이다.

일이 마무리될 때까지 지속적으로 쌍방향의 소통이 일어나야 한다. 한 방향은 팀원이고, 다른 한 방향은 상사이다. 팀원에게는 공감을 만들어 내는 것이며, 본부장에게는 진행되고 있는 상태를 주기적으로 알리고 방향을 점검해 보는 것이다.

이런 일에 투입되는 일부 팀원에게 다른 팀원들이 처음에는 고생한다고 말하지만, 팀장의 관심과 본부장의 관심이 너무 집중되다 보면 자칫 다른 팀원들이 소외당하는 느낌을 받을 수 있다. 일의 진척을 알려주고 팀 일이라는 공감대를 팀 내에서 지속적으로 만들어야한다.

일 전체의 문제점과 개선 방향이 정해지면 상사에게 보고하여 맞는 방향인지 확인하는 작업이 뒤따라야 한다. 간단하게 구두보고라도 하면 된다. 이런 일이 지속적으로 이루어져야 한다. 이때 팀장은맨 앞에서 솔선수범하는 자세가 필요하다. 결국, 참여한 팀원들이 과제에 집중할 수 있도록 환경을 만들어 주는 역할을 해야 한다.

어려울 때 함께한 구성원은 오래간다

필자도 어려운 일을 같이해준 구성원들이 가장 기억에 남고, 지금까지도 교류하고 고마워한다. 어떻게 보면 이런 기회는 더없이 상사와의 관계를 돈독하게 만들 수 있는 타이밍이다. 상사의 관심이 높은일에는 상사의 의중이 잘 드러난다. 상사의 생각을 쉽게 읽을 수 있다. 진행하는 과정에서 상사와의 공감 영역을 높일 수 있다. 어려운수명업무를 같이 하면 일이 마무리된 후에도 좋은 인상을 오래 갖게된다. 상사는 대부분 오래도록 감사하게 생각한다.

연중 수명업무는 통상적인 업무는 아니다. 상사가 지대한 관심을 가지는 것이고, 또한 그 위의 상사도 관심을 가지는 업무일 수 있다. 업무의 관심도를 파악하고 얼마나 빨리 진척시키고 보고할 것인지 전체 시나리오를 그릴 수 있는 사람은 팀장이다. 이런 일을 어떻게 잘 해 냈는가에 따라 팀장의 능력이 제대로 드러난다. 깔끔하게 처리했을 때는 과외적인 평가를 받지만 그렇지 못하면 신뢰를 잃는다. 신뢰의 문제는 잃기는 너무나 쉽지만, 다시 얻기는 매우 어렵다는 데에 있다. 통상적인 일처리로 할 수 있는 것은 아니다. 팀장의 능력을 제대로 발휘해야 이룰 수 있다.

그래도 우문현답이다

"우리의 문제는 현장에 답이 있다."라는 '우문현답'이 현장에서는 철학으로 이야기된다. 세계 최초로 항체 바이오시밀러를 개발한 서정진 셀트리온 회장은 일이 안 풀리면 현장으로 나가 몸으로 부딪치며 실마리를 찾았다고 한다. 그는 현장의 중요성을 "페이퍼에 답이 없다면 필드에 반드시 답이 있다."라고 강조한다.

현장에 가는 것만으로도 많은 다른 사항을 알 수 있지만, 가더라도 제대로 봐야만 원하는 것을 얻는다. 현장을 제대로 알면 해결책 찾기가 수월해진다. 현장에서도 들여다보는 방법을 달리했을 때 빠르게 올바른 답을 찾을 수 있다.

현장은 돌파구를 마련해 준다. 현장에서는 고객의 소리와. 사업 최전선에 있는 구성원의 소리를 가까이에서 들을 수 있다. 일을 상상하지 않고 있는 그대로 볼 수 있다. 실제 상황을 보고, 듣고, 체험할 수 있기 때문이다.

현장에서 보고를 받으면 생생한 현장 이야기를 들을 수 있다. 디테일은 현장 보고에 있다. 지시사항이 실제 현장에서, 고객 접점에서 어떻게 실행되는지 확인할 수 있다. 이슈도 현장에서 토의하면 진행 속도가 빠르다. 실상을 제대로 볼 수 있기 때문에 올바른 개선점이 나온다. 개선점이 보이면 바로 현장에서 확인할 수 있어 답을 찾아가는 시간이 단축된다.

현장은 자극의 바다이다. 당초 문제뿐만 아니라 예기치 않은 다른 궁금증이 생기고, 현장 토의를 통해 개선점을 찾을 수 있다. 리더는 현장에서 실행 가능한 아이디어를 얻는다. 현장에서 발굴한 아이디어는 실행력이 높을 뿐만 아니라 리더의 현장 감각을 끌어올린다. 현장에 가는 것만으로 자극이 된다.

현장에 실무자만 가면 되지 굳이 리더가 가야 할 이유가 있느냐고 질문할 수 있다. 현장에서 실무자가 보는 것과 리더가 보는 것은 다르다. 실무자는 현장에 보이는 것만 볼 수 있지만, 리더는 현장에 보이는 것을 본인의 경험과 지식을 거쳐 받아들이기 때문이다.

예를 들어, 서비스를 위해 현장에 설치된 장비에 문제가 있을 때, 현장 담당은 발생한 문제점만을 알아차리고 지적할 수 있지만, 리더는 장비가 제 성능이 나오도록 만들어졌는지, 설치할 때 혹은 설치 후 유지 기간에 문제가 있었는지 등 설계부터 설치까지 전반적으로 의문을 제시할 수 있다. 단지 한 점이 아니라 선으로 연결하여 문제 요소를 근원적으로 따진다.

어디가 현장인가?

현장은 두 가지 의미를 지닌다.

먼저 장소로서의 현장이다. 실제 일이 이루어지는 밑바닥을 말한다. 실제 일을 진행하거나 작업하는 그곳이다. 본사가 기획한 대부분 일들은 결국 현장에서 이루어진다. 현장 팀 일지라도 현장에 가지 않고 사무실에서만 일을 하면 이 또한 본사와 같이 현장과 동떨어지게 일을 할 수 있다. 통상적인 현장이 아니라 실제 일이 진행되거나 작업이 되는 그곳이 되어야 현장이다. 현장에서 직접 볼 수 있고, 만질 수 있는 밑바닥까지 내려가서 일의 바닥을 보아야 현장의 일을 보는 것이다.

다음은 행위로서의 현장이다. 행위(Action)은 현장에서 실제 일을 이루기 위한 동작을 의미한다. 몸이나 손발 따위를 움직여 일을 이루어가는 그 자체이다. 보는 것과 실제 해 보는 것은 다르다. 예를 들어, 자전거 타는 것을 이론적으로 아는 것과 실제 타 보는 것은 다르다. 직접 한 번 타 보는 것이 백번 자전거 타는 것을 보는 것보다 효과적이다. 행위를 하는 과정에서 그 사람의 축적된 경험과 지식이 맞물려 새로운 방법을 찾을 수 있다.

따라서 진정한 의미의 현장은 장소와 행위, 두 조건이 동시에 만족되는 곳이다. 현장의 중요성을 강조한 말을 떠올리면, 롯데 신격호 명예회장이 자주 했던 "너 가봤어?"이고, 또 하나는 현대 정주영 명예회장이 입버릇처럼 말한 "임자, 해봤어?"이다. 이는 장소로서의 현장과 행위로서의 현장을 강조한 것이라고 본다. 일에 따라 한 가지라도 제대로 해 본다면 보이지 않던 개선점을 찾을 수 있을 것이다.

팀장, 당신의 현장은 어디입니까?

일의 형태에 따라 팀장은 현장을 명확하게 설정해야 한다. 팀장이 생각하는 현장에 따라 팀원이 뛰는 현장이 달라진다. 하물며, 팀장이 현장에 주 몇 회 가느냐에 따라 팀원들이 현장에 가는 횟수까지 다르다. 팀장의 일하는 스타일이 팀원에게 알게 모르게 그대로 전달되며, 현장에서 일하는 문화로 그대로 정착된다.

인터넷과 이동통신의 발달로 영상 전화로 현장을 보면서 자료를 공유할 수 있는 시대이니, 사무실에서도 현장과 같이 일할 수 있다. 하지만 사무실에서는 보고 싶은 것만 본다. CCTV도 고정된 위치에서 바라보는 영상이다. 보고서는 평면도이고, 동영상은 입체영상이라면, 현장은 총천연색 입체영상이다. 아무리 최신 영상 기술이라도 잡아내지 못하는 것이 있다. 그래서 현장에 가보면 보인다는 거다.

팀장이 현장의 문제를 상사에게 보고할 때, 어렵게 느껴지는 것은 무엇 때문일까? 바로 현장에 가보지 않았기 때문이다. 현장에 가보지 않고서는 보고받은 내용 이외에는 알 수 없기에 질문이 나오면 대답하기 힘들다. 보통 질문들은 현장에 다녀오면 쉽게 대답할 수 있다. 현장을 보지 않았기 때문에 평이한 질문도 보고 내용에 없으면 대답하기 어렵다. 이러한 현장 문제의 질문에 정확한 답을 할 수 없다면 의사결정이 어려워진다. 현장에서 답을 찾으면 실행 시에도 보완점이 줄어든다. 현장에 기반을 두지 않은 계획은 현장 적용 시에 또 다른 문제점을 일으킨다. 현장에서 실행하고 현장에서 답을 찾아야 한다.

통상적으로 이동통신의 한 단계 높은 기술서비스를 위해서 기술분야는 '엔지니어링-구축-운용' 단계를 거친다. '엔지니어링'은 먼저 서비스 도입부터 작동될 수 있을 때까지 설계를 담당한다. '구축'은 도입된 장비를 현장에 서비스가 될 수 있게 설치하는 역할이다. '운용'은 구축된 장비가 지속적으로 제대로 서비스 품질이 나오도록 관리하는 부서이다.

보통은 엔지니어링 후에 구축하고 그다음 운용조직이 일을 인수하여 서비스한다. 앞 조직이 업무를 충실하게 해 주지 않으면 결국에는 운용조직이 뒤치다꺼리하게 된다. 따라서 운용조직은 항상 앞 조직에 대해 불만이 있다. 이런 일의 본질적인 문제는 앞 조직이 자신의 일의 범위를 일의 가치사슬에서 다음 조직에 넘겨주는 것까지로 알고 있다는 것이다.

필자는 엔지니어링을 하거나 계획을 담당하는 구성원들에게 본인이 한 것에는 반드시 마무리될 때까지 책임이 있다고 말했다. 엔지니어링은 마무리될 때까지 원래 설계한 대로 설치되고, 실제 작동되는지 봐야 한다. 즉, 설계된 대로 제대로 성능이 나오는지 보는 것까지가 역할이고 책임이다. 엔지니어링이 현장에 가깝게 있을수록 품질을 높인다고 보았다. 기획에 해당하는 엔지니어링이 제대로 역할을 해야 전체 일이 제대로 돌아간다는 것을 강조한 것이다. 설계된 장비가 제대로 운용이 되는지 봐야 하는 역할까지 그들의 업무로 할당했다. 본사 상위조직이 제대로 업무 영역을 설정해야 전체가 잘 돌아가게 된다.

이를테면 보고서는 사진 한 장에 불과하다. 동영상은 영상과 소리를 담아낸 것이다. 새롭게 선보인 가상현실(VR)은 동영상에서 내가 보고 싶은 장면을 더 집중적으로 볼 수 있다.

현장에서는 사람의 모든 감각이 작동한다. 이런 감각의 작동은 생각을 더욱 활성화시킨다. 자극의 정도로 보면 더하기가 아니라 곱셈이다. 아직까지 어떤 매체도 사람이 직접 현장에서 얻는 정보를 모두 담아낼 수 없다. 그만큼 현장에서의 업무 파악이 중요하다. 특히 현장에서 일이 이루어지는 운용 업무는 더 말할 것도 없다.

현장에 가는 것만으로 현장이라고 착각하면 안 된다. 많은 리더가 현장에 가는 것만으로 나는 현장 중심으로 경영한다고 생각한다. 필자는 현장을 다니는 것도 중요하지만 현장에 가서 무엇을 보고, 무엇을 듣고, 무엇을 질문하는지가 더 중요하다고 생각한다. 사무실보다는 현장에 가면 보이는 것이 더 많을 것이다. 그러나 여기에서 이야기하는 '우문현답'이 되려면 현장에서 제대로 보고, 문제를 이끌어 내고 개선하려는 의지를 가져야 한다.

팀장은 현장에 가봤다는 것만으로는 안 된다. 현장에서 고생하는 구성원을 격려하는 것이 오랜만에 현장에 가는 리더들의 큰 역할이다. 하지만 먼저 현장에서 실제 진행되고 있는 일의 밑바닥을 봐야 한다. 그 후에 현장 구성원을 격려해도 늦지 않다.

제6장

성장 리더십

회사에 공헌할
가능성을 높여야…

이제는 빅데이터 시대,
데이터를 갖고 놀아라

데이터를 갖고 노는 팀장이 미래를 잡는다

4차 산업혁명의 중심에 있는 것 중 하나가 빅데이터이다. 산업 전반에 걸친 정보화와 모바일의 확산으로 데이터는 폭증하고 있다. 이를 처리하고 분석하는 기술이 맞물리면서 데이터 활용 가치는 나날이 높아지고 있다. 기업은 이런 데이터를 활용하여 인사이트를 얻고, 경쟁력을 높이고, 새로운 비즈니즈를 만들어내고 있다. 이제 데이터 활용은 기업과 사회에 전반적인 구조 혁신을 가져오는 '디지털 전환'의 중심에 있다.

하지만 빅데이터의 장밋빛 전망에도 불구하고 아직 많은 기업들이 빅데이터 분석에서 의미와 가치를 창출하는 데 어려움을 겪고 있다. 지금까지는 데이터양에 압도되어 다양한 대용량 데이터를 저장하고 관리하고 운영하기 위한 시스템 구축과 운영 이슈를 해결하는 데 급급했기 때문이다.

데이터도 정제하고 분석하고, 이해할 수 있도록 시각화하는 과정이 있어야 비로소 의미가 있다. 미국의 시장조사와 컨설팅 전문 회사인 가트너에 따르면 빅데이터를 도입하는 기업 중 약 15%만이 빅데이터에서 의미 있는 정보를 찾아낼 것으로 예측하고 있다. 그러나 최근에 이러한 예측이 바뀌고 있다. 이러한 변화의 요인들로는 데이터 처리 장비 가격하락, 데이터의 폭발적 증가, 사물 인터넷의 발전, 데이터 공개, 사회 규제 완화의 공론화 등을 들 수 있다.

"데이터를 갖고 논다."라는 것은 현상에서 데이터를 발견하고, 이를 통해 현상을 제대로 이해하며, 나아가 현상을 개선할 수 있는 능력을 말한다. 이러한 능력을 지니기 위해서는 이론이나 기술보다 사고와 행동을 개선해야 한다. 데이터를 갖고 노는 것을 일상화하려면 통상적 업무에서 데이터를 찾아내고, 데이터와 데이터를 쪼개고 연결해서 해결 가능한 문제를 발견하는 습관을 길러야 한다.

데이터의 본질은 무엇인가? 데이터는 어떤 현상의 단편을 포착하여 수치화, 혹은 기호화한 것이다. 시간의 관점에서, 어느 한 시점의 단편적인 데이터에서 시간축상에 누적된 데이터가 되거나, 영역의 관점에서, 한 지점의 데이터에서 광역의 복수 데이터가 된다면 진정한 데이터 활용이 가능해진다. 이처럼 한 점에서 선으로 넓이로 공간으로 확대되고, 시간축상으로 모인 데이터의 활용 가치는 기하급수적으로 높아지게 된다.

평소 관심을 지닌 문제와 관련된 현상을 데이터화하여 꾸준히 분석해 문제해결에 이용해야 한다. 데이터를 이용하면 기존 방식에 비해 몇 퍼센티지가 좋아지는 것이 아니라 수 배, 아니 수십 배의 성과를 만들어 낼 수 있다. 팀 내 업무 과정에서 발생하는 정형화된 데이터를 논리적으로 자동 수행하는 기술로써 최근 급속도로 확산되고 있는 로봇프로세스자동화(RPA: Robotic Process Automation)의 활용도 나날이 증가하고 있다. 단순반복 업무를 자동화하는 수준에서 앞으로 인공지능 기반의 RPA가 된다면 활용도와 효율성은 비약적으로 증가할 것이다.

어떻게 데이터를 일처리에 도입해야 할까?

앞서가는 조직이나 회사는 의사결정과 업무에 데이터를 활용하고 있다. 팀이 하는 일에 따라서는 데이터, 빅데이터라고 하면 다른 나라 이야기로 들릴 수 있다. 어찌 보면 회사에 내가 아닌 누군가가 하는 일로 여길 수 있다. 그러나 팀에서도 데이터를 갖고 놀아야 업무 생산성이 향상되는 시대가 되었다.

팀에서는 빅데이터 기술에 너무 집착할 필요는 없다. 데이터 기반 일처리 체계를 갖추는 것은 기술만으로는 불가능하다. 기술은 도구일 뿐이며 결국에는 도구를 사용하는 체계가 회사 전반적으로 갖춰지지 않으면 따로국밥이 된다. 단지 이러한 새로운 기술과 그 기술이 활용된 서비스를 회사 차원에서 만들어가고 있다면 팀장은 그러한 결과를 어떻게 업무에 적용하고 활용할 수 있을지 파악하고, 필요한 기술을 습득할 수 있도록 팀원들을 육성해야 한다.

무엇보다 팀장이 더 관심을 가져야 하는 것은 업무에 데이터를 활용하는 것이다. 데이터를 활용해 팀 업무 개선을 할 수 있는지 파악하는 것이 우선이다. 새로운 데이터를 찾고 그 데이터를 활용할 수 있는지 끊임없이 탐구하고 적용해 보는 것이다.

문제가 주어졌을 때 데이터를 효과적으로 수집하는 방법도 알고 있어야 한다. 새로운 데이터는 나날이 증가하고 있다. 모든 데이터를 직접 수집해야 하는 것은 아니다. 최근에는 공공기관이나 기업의 많은 데이터가 다양한 형태로 공유되고 있다. 자신이 해결하고자 하는 문제와 관련된 데이터들을 공공이나 기업들에서 찾을 수만 있다면 직접 데이터를 수집하는 데 드는 어려움을 해소할 수 있다.

데이터 수집이 활용의 첫걸음이라면 데이터 분석은 주어진 데이터에 생명을 불어넣는 것이다. 분석 툴이나 통계 지식은 데이터를 다루는 방법을 알려 줄 뿐, 데이터 수집과 분석의 방향성을 제시하지 못한다. 즉, 기술로서 데이터를 갖고 노는 것이 아닌 문제 해결의 도구로서 데이터를 다루어야 한다. 이것이 데이터 기반의 사고이다.

업무에서 데이터화할 수 있는 일에 항상 관심을 가지고, 데이터를 사용해 업무를 개선할 수 있는 방법을 고민하고 실행한다면 이는 '데이터 기반의 일처리'가 시작된 거라고 볼 수 있다.

공공데이터 활용의 시대가 열렸다

필자의 사례를 이야기해야겠다. 이동통신이나 인터넷 서비스를 위해 도로나 건물에 통신장비나 선로를 설치해야 한다. 특히 선로는 전봇대에서 공중으로 건물로 바로 연결할 수도 있지만, 규모가 큰 건물에는 전봇대가 있는 도로에서 건물까지 도로나 인도에 흙을 파서 관로를 만들어 들어간다. 따라서 이미 건축된 건물에 선로를 설치하기에는 많은 제약에 따르고 비용이 들기 때문에 건설 중일 때 설치하는 게 가장 효율적이다. 그래서 현장에서는 신축하는 건물이 있다면 바로 파악하여 선로를 설치한다.

하지만 현실적으로 신축 건물의 파악이 어렵고, 파악하더라도 건물 공사 진행상 통신 선로 공사하기에 적절한 시기를 놓쳐 어려움을 겪는다. 이를 해소하기 위해 미리 건물 공사 정보를 파악하려고 동, 구청의 건축과를 방문하는 등 다양한 방법으로 노력했으나 원활하지 못했다. 다른 대안을 찾던 중, 2013년 하반기부터 정부에서 일부 건축 데이터를 민간에 개방한다는 것을 알았다. 2015년 초부터는 건축 행정 데이터를 전면 개방하였다. 2015년 기준, 전국 691만 동의 건축물대장뿐만 아니라 신규 허가, 착공, 준공, 건축물 말소 등 모든 정보가 한눈에 파악되었다.

이러한 공공데이터를 보다 편리하게 활용할 수 있도록 오픈 연동 서비스(API)로도 제공하고 있다. 이를 활용하여 회사 업무 시스템과 건축 공공데이터를 연결하여 원하는 데이터를 자동으로 추출할 수 있게 되어 생산성과 업무 효율성이 높아졌다. 전국적으로 일일이 발품을 팔아 알아내고 찾아내던 것이 자동으로 파악되니 생산성은 수십 배 향상되었다.

정부는 공공데이터 개방을 빠르게 늘려갈 것이다. 정부가 발표한 내용에 따르면 2021년에 공공데이터를 전면 개방한다고 한다. 계획대로라면 2019년 1,500여 종인 공공·민간 개방데이터가 4만 5,000종으로 늘어날 것이다.

앞으로 업무 성과는 이러한 데이터를 업무에 얼마나 잘 활용할 것인지에 달렸다고 생각한다. 이는 일의 생산성 향상뿐만 아니라 정확도와 예측력에서도 획기적인 변화를 가져올 것이다.

팀 문화로 녹여 내야 제대로 작동된다

데이터 기반의 일처리를 활성화하기 위해서는 각 담당 분야별로 데이터를 활용하고 업무 속에 스며들게 해야 한다. 이는 팀장에게 데이터에 대한 의식이 있어야 가능하다. 팀 문화가 받쳐주지 않으면 팀원은 하고 싶어도 하지 못한다. 발등에 떨어진 일을 하기에도 벅찰 수 있다. 필요하면 교육도 받아야 한다. 제대로 작동하기까지는 더디고 힘들 수 있다. 그래서 팀장이 깃발을 들고 나서야 가능하다.

어떤 일이든 막연하게 말로 할 게 아니라 데이터로 보고하고 데이터로 지시를 받도록 해야 한다. 이런 팀 문화를 만들 수 있는 사람은 팀장이다. 팀장이 회의나 보고받을 때 가능한 데이터로 말하고 데이터로 질문해야 한다. 이러한 일상적인 활동이 팀원 각자의 업무 속에서도 실행되었을 때 데이터 기반의 일처리가 가능해진다.

업무에 필요한 데이터가 무엇이며, 새롭게 사용할 수 있는 데이터가 어디에 있으며, 이런 데이터를 업무에 적용한다면 어떤 결과가 만들어질 것인지 지속적으로 확인하는 것이 일상화되어야 한다.

데이터를 갖고 노는 팀장이 되려면 자신이 먼저 디지털 소양을 정기적으로 업데이트해야 한다. 지속적으로 디지털 지식을 함양하는 디지털 리더가 되어야 한다. 팀장이 데이터에 관심을 가지는 만큼 데이터 기반의 일처리가 가능하다. 최근에 많은 사람들이 팩트의 중요성을 인식하기 시작한 것은 고무적인 일이다. 팩트는 사실이고, 사실은 데이터에 기반을 둔다. 어떤 영역이든 데이터 기반의 일을 했을 때 성과가 나올 확률이 높아진다. 데이터를 갖고 노는 시간만큼, 업무 효율의 새로운 가능성을 기대할 수 있다.

팀장 에너지가 조직의 힘이다

에너지가 있어야 뭐라도 할 수 있다. 에너지가 현명한 리더를 만든다. 현명한 리더가 되려면 고민한 것을 실제 현장에서 실행해 봐야 한다. 고민하고 실행하려면 에너지가 필요하다. 궁금증이 생길 때 알아보고 물어보고 찾아보려고 해도 에너지가 쓰인다. 리더가 해보지 않고 말로만 한다면 팀원은 입만 살아있는 팀장으로 여긴다. 이러한 팀장은 시간이 지나면서 팀을 이끄는 동력이 약해진다.

에너지가 있는 리더는 조직에 힘을 불어넣는다. 이러한 리더의 가장 큰 특징은 새로운 시도를 한다는 것이다. 에너지가 있는 팀장은 새로운 방식으로 문제를 해결해 보기 위해 탐색하고 탐구한다. 일을 맡으면 팀 문화를 바꾸고 일을 새롭게 디자인하여 추진한다. 이런 팀장은 자기 나름의 일관성이 있고 어떤 일이든 자기 스타일로 만들어 낼 수 있다. 어려움이 있더라도 해 보려고 한다. 돌파하려는 에너지가 있기 때문에 쉽게 포기하지 않는다.

팀원들은 배울 수 있는 리더를 원한다. 이런 리더는 평소 자기 역량을 꾸준하게 갈고 닦기 때문에 새로운 시도를 하고, 지금과 다른 차별화를 만들어 내려고 한다. 에너지가 있기 때문에 이러한 색깔을 유지할 수 있다. 팀원은 이런 리더에게 매료되고 따른다.

상사는 이런 팀장에게 신뢰를 보낸다. 분명한 색깔로 인해 예측이 가능하기 때문이다. 신뢰가 바탕이 된 일처리를 한다. 상사에게 신뢰를 받는 팀장은 팀원들이 먼저 알고 따른다. 이러한 팀장은 지치지 않은 에너지를 바탕으로 상사와 팀원들의 신뢰를 얻어 새로움을 추구하고, 차별화를 만들어 낼 수 있다. 에너지의 선순환이 만들어진다.

에너지가 있는 팀장은 판을 바꾸는 일에 기꺼이 동참한다. 에너지가 없으면 업무의 판을 바꿀 생각을 하지 못한다. 변화는 에너지가 있어야 가능하다. 변화에는 고통이 따르고, 저항을 불러온다. 이러한 장애요인을 극복하려면 장애 언덕을 넘을 수 있는 에너지가 필요하다.

어려운 일일수록 리더가 앞장서야 한다. 에너지가 있는 팀장은 조직에 어려운 일이 있을 때 먼저 해보고 독려하며, 난관에 직면할 때 조직의 돌파력을 만들어 낸다. 한 사람이 아닌 팀 구성원 전체의 힘을 이끌어내는 중심적인 역할을 한다. 구심점인 팀장이 제 역할을 못하면 팀원들은 방향성을 잃어 조직의 힘을 발휘하기 어렵다.

리더에게 에너지가 없다면 새로운 시도나 다른 관점에서 일처리를 고민할 수 없다. 에너지가 없으면 현상 그대로, 관행적인 일처리만 하게 된다. 팀원도 금세 매너리즘에 빠진다. 새로운 시도가 없고, 어제와 같은 방식으로 오늘의 일을 한다면 일에 대한 흥미도 사라진다. 그냥 하던 대로, 그 정도로만 일을 한다. 팀에 경쟁력이 생기는 변화는 없다. 다른 성과를 기대하기 힘들어진다.

리더의 자기관리는 조직의 힘이다

자기관리가 잘된 팀장은 팀원, 동료, 상사에게도 좋은 에너지를 전파한다. 밝은 에너지가 사람을 끌어모으고 이끈다. 한 번씩은 본인의 말하는 스타일, 주위의 반응, 표정을 객관적으로 볼 필요가 있다. 밝은 에너지를 주변에 넣고 있는지 스스로 돌아봐야 한다. 팀장의 밝은 에너지는 팀을 대표하는 색깔이다. 좋은 색깔은 좋은 향기를 내뿜듯이 팀장의 밝은 에너지는 팀에 밝은 기운을 돌게 한다.

에너지를 잘 관리하고 조절하는 것이 필요하다. 불필요하게 소모되는 에너지를 줄여야 한다. 에너지를 축적하기 위한 노력도 해야 한다. 에너지가 충만할수록 몸과 마음이 건강해진다.

에너지가 고갈되면 더 하려고 해도 할 수 없다. 에너지가 고갈되면 다른 사람이 먼저 안다. 상사가 일을 줄래야 줄 수도 없다. 에너지가 있어도 일을 잘 수행하기 힘든데, 팀장이 에너지가 없으면 중요한 일을 맡길 수 없다. 보통 직장인들은 에너지를 어떻게 쓰느냐에 따라 누적된 모습들이 나타난다고 한다. 에너지가 고갈되지 않도록 평상시 명상과 산책 등으로 충전의 시간을 가져야 한다.

충전보다 더 중요한 것은 에너지가 제대로 활용되고 있는지를 체크하는 일이다. 쓸데없이 에너지를 소모하거나 에너지가 새어나가는 요인부터 제거해야 한다. 회사에서 가장 크게 방전되는 원인은 업무 스트레스보다는 조직문화에 있다. 조직에서는 서로가 존중하고 배려해야 한다. 서로의 실수도 용인하며 도와주거나 보살펴 주려는 분위기라면 더없이 좋다. 즉 자기변호에 에너지를 쓸 필요가 없다는 것을 의미한다. 어떤 일을 할 때 체면에 신경 쓰거나, 눈치를 보며, 타인의 기대에 휘둘리는 사람은 에너지 손실이 커진다. 이런 일에 방전되면 알게 모르게 가용 에너지는 급격하게 줄어든다. 정작 필요한 곳에 쓸 만한 에너지는 남아 있지 않게 된다.

팀장은 예비 에너지를 남겨두어야 한다

등산가이자 산악인인 원종민 교수는 등반할 때 알맞은 에너지 배분에 대하여 "산에 오를 때 40%, 내려올 때 30%를 쓰고, 나머지 30%는 예비로 두어야 한다."라고 했다. 산이란 환경은 불확실성이 매우 높다. 길을 잃거나 다치기도 하며 악천후를 만나 조난을 당하기도 한다. 이때 예비체력을 남겨두어야 대응이 가능하기 때문이다. 팀장도 제대로 일하려면 예비 저축 30%가 중요하다. 생각 없이 몸으로 행동하는 것이 아니라 해결해야 할 과제를 끊임없이 고민하려면 에너지를 갖고 있어야 한다.

에너지가 없으면 팀장이 고민하고 해결해야 할 것을 그대로 방치하거나 팀원에게 의지할 수 있다. 단기적으로는 별 탈 없이 보일 수 있으나, 장기적으로는 문제가 발생한다. 팀장이 얼마나 고민했는가에 따라 일에 질적인 차이가 나타난다. 현명하게 일한다는 것은 팀장이 먼저 철저하게 고민한 후에 팀원에게 업무가 내려가게 하는 것이다. 적어도 당면 과제는 당연히 담당 팀원이 해결책을 찾아 풀어가야겠지만, 팀 미션에 영향을 미치는 중요한 업무는 팀장이 먼저 방향을 정하는 작업이 선행되어야 한다.

루틴한 생활이 에너지를 유지한다

에너지를 유지하려면 일정한 루틴이 있어야 한다. 에너지는 몸 건강과 마음 건강의 합이다.

에너지 = 몸 건강 + 마음 건강

몸과 마음이 건강해야 에너지가 유지된다. 몸 건강을 위해 일상생활 속에서 운동을 해야 한다. 필자는 매일 걷기 운동을 꾸준히 하고 있다. 화장실에 갈 때도 다른 층의 화장실을 이용한다. 아침에 엘리베이터를 타지 않고 계단을 이용한다. 특별히 시간을 내지 않고 일상생활 속에서 운동이 되게 하는 것이 바람직하다고 생각한다. 그러면 기본 하루 5천 보는 넘게 걷는다. 퇴근할 때는 가는 길 도중에 공원이나 공터에서 하루 걸음걸이를 채우고 집에 들어간다. 매일 잠들기 전에 다시 아파트 주위를 30분 정도 걸으면서 생각하는 시간을 갖는다. 이는 마음의 정리 시간이기도 하다. 이때 하루의 다양한 일들을 리뷰 해 보고 내일 할 일도 점검해 보는 시간으로 활용한다.

에너지가 있어야 호기심이 생기고, 호기심은 해결해 보려는 열정을 만들어준다. 몸과 마음의 건강함 위에 열정이 더해져 일한다면 행복의 기운과 긍정적인 태도를 유지할 수 있다. 같이 일하는 구성원과 상사에게도 긍정적인 바이러스를 전파하게 된다.

맑은 정신과 육체적 건강 없이는 성공도 무의미하다. 목표를 이루는 여정의 매순간 현실적인 자기관리가 병행되어야 한다. 리더의 에너지는 한 사람이 아니라 조직의 힘이다. 리더의 에너지가 조직의 추진력이 된다.

리스크는
회피할 것이 아니라 극복해야 할 문제다

리스크 중심에 팀장이 있다

리스크를 관리 하는 능력은 리더가 갖추어야 할 역량이다. 팀장은 회사에서 리스크 있는 일을 해야 한다. 의사결정 과정에서 리스크 수준을 선택해야 하는 위치에 있다. 무엇을 어떻게 선택하고, 준비하는가에 따라 리스크가 달라진다.

경제학자이자 투자 전문가인 피터 L. 번스타인의 저술 《리스크》에서 다음과 같이 말했다.

"현재와 과거를 구분 짓는 혁명적인 견해 중에 하나를 제시한다면 리스크에 대한 지배이다. 리스크를 지배할 수 있게 됨으로써 인류의 미래는 신의 변덕에 따라 좌지우지되는 것으로부터 벗어날 수 있었고, 우리는 자연 앞에 더 이상 수동적인 자세를 취하지 않아도 되었던 것이다."

일에는 항상 리스크가 따른다. 리스크를 감수하지 않는 가장 좋은 방법은 일을 새로 만들지 않은 것이다. 하지만 이런 방법이야말로 가장 리스크 있는 선택이 되어가고 있다. 기술환경, 경쟁환경, 사회환경 변화는 기존의 영역에서 안전하게 머물러 있게 두지 않는다.

SK그룹 최태원 회장은 코로나19로 어려움이 가중되는 것을 보면서 "그동안 SK그룹이 짜놓은 안전망이 더 이상 유효하지 않다는 것을 목격하고 있다. '잘 버텨보자'라는 식의 태도를 버리고 완전히 새로운 씨줄과 날줄로 안전망을 짜야 할 시간이다."라고 말했다. 기존의 기준과 규칙으로 굴러가지 않는 새로운 시대가 오고 있다. 시대에 맞게 사업의 리스크와 일, 환경 리스크를 봐야 한다. 조직에서는 일을 할 때 리스크 관점에서 앞으로 일어날 사태를 예측하고 대응하는 것이 습관화되어 있어야 한다. 팀장은 단지 업무 그 자체뿐만 아니라 업무 환경에서도 리스크를 관리해야 한다.

팀장은 지금까지 자기관리를 철저히 했기 때문에 그 위치에 있다. 하지만 팀장은 팀원과 함께 성과를 만들어내기 때문에 팀원에게 문제가 있을 경우에도 업무적으로, 도의적으로 책임이 있다. 조직장은 책임을 피해 갈 수 없다. 주로 관행대로 하거나 이것쯤이라는 안이함 때문에 발목이 잡힌다. 이렇게 되면 지금까지 쌓아 올린 성과는 물거품이 된다. 리스크 관리는 리더가 가장 신경 써야 하는 항목 중의 하나이다. 지금 잘되고 있다고 해서 안심할 수 없다. 관리가 지속되지 않으면 리스크는 언제라도 발생한다. 관리한다고 하더라도 확률적으로 줄이는 역할만 할 뿐이다. 현장과 관련된 일일수록 리더가 직접 현장에서 밑바닥까지 확인하는 절차를 챙겨야만 그나마 리스크 관리가 가능하다.

관행, 이것쯤이 문제를 일으킨다

회사의 모든 일에는 리스크가 따른다. 업무에 따라 상시적으로 하는 일도 있고, 간헐적으로 하는 일도 있다. 상시적인 일보다는 간헐적인 일에서 문제가 일어나는 경우가 많다. 상시적인 일도 다른 팀에 배치되어 경험하지 않은 업무를 맡을 때 특히 주의해야 한다. 새로운 업무를 맡고 좋지 못한 일에 말려드는 경우가 왕왕 있다. 예를 들어, 새로운 업무를 파악하다가 규정과 다르게 업무를 하고 있어 의심이 들어 물어보면, "오래전부터 원래 이런 식으로 했습니다. 통상적인 일 처리입니다. 이렇게 하는 것이 규정과는 다르지만 이렇게 해 왔습니다."라고 담당하는 팀원이 말하는 경우가 있다.

이런 경우 특히 더 세밀하게 들여다봐야 한다. 외부 환경은 바뀌고 있는데 회사 활동은 관행적으로 하는 경우가 있다. 시간이 지나면서 처음과 다르게 리스크 관리 측면에서 둔해져 있을 수 있다. 사회 잣대가 바뀐 환경에서는 바뀐 잣대를 사용해야 한다. 그대로 두면 결국 좋지 않은 결과를 만들어 낸다. 대부분의 문제는 과거부터 통용되었고, "다 그렇게 해왔어."라고 당연시되는 일에서 일어난다. 이런 일에 원칙의 잣대를 갖다 대면 빠져나가기 어렵다. 어떤 일이든 감내할 수 있는 한계가 있다. 계속 담당한 당사자는 그 한계를 벗어나 있어도 "지금까지 그렇게 해 왔는데 별일 있겠어?"라고 정당화하게 된다. 팀장이 그렇게 일이 진행되도록 두었다면 그것은 방조한 것이 된다. 팀장이 가져야 할 원칙을 정해야 한다. 세태를 반영한 업무 원칙이 필요하다.

다른 경우는 팀에서 간헐적으로 이루어지는 일을 할 때다. 팀이 하는 일상적 업무에서 부수적인 일에 해당할 수 있다. 본연의 업무가 아니라서 주의를 하지 않을지도 모른다. 특히 이런 일 중에는 계약에 관한 업무도 있다. 이런 업무는 이해 당사자의 손익이 분명하기 때문에 조그마한 실수가 있어도 문제가 된다. 문제가 될 소지가 있는 일은 전문가의 도움을 받아야 한다. 팀장이 모든 것을 잘할 수 없다. 본인이 어느 정도까지 알아야 하는지 기준을 정하면, 다른 일에 몰두할 수 있는 시간과 노력을 벌게 된다. 판단이 어려울 때는 원칙을 지켜야 한다. 한 번은 확실하게 챙겨보는 게 가장 좋은 대비책이다.

익숙하고 편한 관행일지라도 사회적 잣대에서 벗어나고, 회사의 규정과 규칙에 어긋난다면 작은 문제라도 과감히 고쳐나가는 것이 팀장의 역할이다. 이제는 그렇게 해야 한다. 원칙이 있음에도 바르게 하지 못하면 팀장이 책임을 져야 한다. 리스크는 방심에서 찾아온다. 항상 긴장의 끈을 놓지 않고 원칙을 갖고 챙겨야 한다.

사회 잣대의 변화를 읽어야 한다

회사 규정뿐만 아니라 사회 통념의 변화도 읽어야 한다. 옳고 그름은 그 시대 그 시절 잣대가 아니라 현재의 잣대로 재단한다. 사회 요구 조건에 맞지 않으면 잘못된 상황이 만들어질 수 있다. 특히 회사 외부적으로 이해관계자와의 관계가 많은 업무를 하는 팀에서는 스스로 검증의 잣대를 세밀하게 적용해야 한다. 의사결정 과정에서 사회가 추구하는 가치를 훼손하거나 대중의 의식 속에 잘못 전달될 수 있는 게 있는지도 가중치를 높여 따져 보아야 한다.

CEO 취임 후 줄곧 '승부사', 'M&A귀재', '미다스의 손' 등의 수식어가 따라붙는 LG생활건강 차석용 부회장은 리스크 관련 업무 태도에 관해 다음과 같이 말했다.

"고객과 한 약속을 지키고 법을 준수하며, 법이 의도한 정신(Intent of the Law)까지 지켜나가고자 노력한다. 고객과 맺은 신뢰를 지키지 않거나 권력을 가진 외부에 의존해 기업을 키워가는 일, 직원이나 거래처에 군림해 부당한 요구를 하는 일은 아무리 교묘하게 법의 테두리 안에서 일어난다 할지라도 하지 말아야 한다고 생각한다."

팀이라는 조직도 규모만 다를 뿐 유사하다고 생각한다. 팀장이 결정해야 할 영역이라도 확신이 없으면 관련 부서나 상위부서에 요청하여 검토하고 가야 한다.

업무뿐만 아니라 업무 환경 리스크도 있다. 업무 환경 리스크는 시간이 지날수록 중요성이 높아지고 있다. 이런 것에는 성희롱과 힘희롱이 있다. 중요함에도 놓치기 쉬운 '성희롱'과 함께 '힘희롱'도 가볍게 볼 문제는 아니다. 힘희롱은 상사가 자신의 지위를 이용해 아랫사람을 함부로 대하는 것을 말한다. 누구나 잘 알고 있지만, 자칫 환경에 휩쓸려 긴장의 끈을 놓칠 수 있는 것이 성희롱이고 힘희롱이다. "그까짓 것도 못 지키겠어?"라고 쉽게 생각할 수 있지만, 현실은 그렇지 않다. 크게는 정해져 있지만, 세부적으로는 상대가 느끼는 개별적인 잣대이며, 사회 변화에 맞추어 진화하는 잣대이기 때문이다.

리더는 자기 통제뿐만 아니라 팀 분위기를 이용해 팀 구성원들도 스스로 통제하게 하는 것이 필요하다. 평소 팀장의 말과 행동을 통해 팀원 스스로 말과 행동에 한계를 정할 수 있다. 문제가 된 경우 가해자로 지목된 구성원의 첫 반응은 "그게 문제가 됩니까?"이다. 무심코 일어날 수 있다. "뭐 그런 것까지."라고 쉽게 볼 수 있지만, 현실에서는 이런 일 때문에 어려움을 겪는 구성원이 주기적으로 발생한다. 사회 변화를 반영한 사례를 들어 알려 주는 교육이 주기적으로 필요하다.

시스템적인 리스크 방지 체계가 있어야 한다

불확실한 상황에서 추출한 객관적인 사실을 근거로 하여 리스크에 대한 대안을 준비한 것이 보험이다. 이러한 보험적인 리스크 대안을 업무에서도 마련해서 리스크를 단지 회피하려 하지 말고 극복할 수 있도록 노력해야 한다.

리더의 역량 중 하나인 문제의 본질을 파악하는 직관력과 통찰력으로 방지하는 것도 필요하지만, 조직의 시스템적인 리스크 방지 체계가 더 중요할 수 있다. 리스크 관리를 잘하려면 팀 내에 필요한 몇 가지가 있다.

첫 번째, 센싱이다.

리스크를 적시에 센싱하여 그에 맞는 대응을 하기 위해서는 상시 모니터링 체계가 구축돼야 한다. 모니터링 범위는 팀 내로 제한하지 말고 다른 팀과 연결되는 부분까지 포함돼야 한다. 업무 중에 잘못될 수 있는 리스크를 나열해 보고, 주기적으로 점검하고 확인해야 한다. 사람의 심리 특성상 문제를 감추려는 경향이 있다. 그래서 평소 문제를 오픈하는 분위기를 만들어야 가능하다.

두 번째, 통제이다.

외부 혹은 내부에서 발생하는 리스크 요소를 예방하기 위해서는 업무처리 확인 절차를 개선하고 내부통제 수준을 향상시키는 것이 필요하다. 센싱된 리스크가 현실화되지 않도록 사전에 통제하는 것이다. 팀장은 자체 통제가 되도록 역할을 부여하고, 관리하고, 교육을 실시한다. 교육은 상대의 입장에서 바라보고 이해하는 '감수성' 수준을 끌어올리는 활동도 포함하여 다루어야 한다. 상위조직과 회사 내 리스크 전담조직에서 통제하는 항목도 형식에 치우치는 활동이 아니라 실질적인 활동이 되도록 한다.

세 번째, 대안이다.

이슈가 되었다면 리스크를 최소화하거나 다른 대안을 찾아야 한다.

일이 마무리되면 다시 비슷한 상황이 발생하지 않도록 제도, 규정, 업무 처리에 반영한다. 이러한 일련의 루틴은 스스로 하는 것에 한계가 있을 수 있다. 업무에 정통한 관련 부서의 도움을 받아야 한다.

네 번째, 솔직함이다.

초기 발생 문제를 은폐하거나 숨기는 일이 나중에는 걷잡을 수 없는 화가 된다. 처음부터 팀원들이 정확하게 문제를 알려주고 드러내 주어야 한다. 그렇지 않으면 곪아 터져 되돌릴 수 없는 상황을 맞는다. 특히 팀장은 보고를 받았으면 즉시 있는 그대로 객관적으로 파악하고 분석해서 처리해야 한다. 진솔하게 접근해야 한다. 사회가 투명하게 바뀌고 있다. 관련 부서에 바로 알려 대처해야 한다. 더 큰 화를 막을 수 있는 가장 최선의 길을 선택해야 한다. 필자도 시스템을 운용하면서 크고 작은 다양한 사건, 사고, 고장을 경험했다. 어떤 경우든 팀원들이 솔직했을 때 가장 빠르게 문제를 풀 수 있었다. 솔직함은 정확하게 문제를 파악하게 했고, 빠르게 대처하게 했다. 솔직함이 평소 팀 문화로 정착되어 있어야 가능하다.

위기는 생각보다 빨리 오고, 기회는 생각보다 늦게 온다고 한다. 앞만 보고 달리다 보면 윤리적인 문제, 회사 제도, 규정에 맞지 않은 업무처리를 간과하고 진행할 수 있다. 이해관계자나, 사회에 이슈화되는 일들은 회사에 치명적인 상처를 준다. 무너질 때는 막강한 강점이 없어 무너지는 것이 아니라, 그간 자신이 과소평가해왔거나 극복하지 못한 약점 때문에 무너진다. 성과는 더디게 오지만 리스크는 갑자기 닥친다. 바르게 일하면 반드시 좋은 결과를 얻는다.

내비게이션을
얼마나 자주 업데이트 하는가?

　새로운 일을 시작하거나 고민이 있을 때 서점에 들르거나, 유튜브를 보거나, 인터넷을 검색하는 것이 당연시되고 있다. 무엇을 챙겨야 하고, 무엇을 우선적으로 해결해야 하는지 감을 잡을 수 있다. IT 기술의 발전으로 시작된 4차 산업은 우리의 실생활에 빠르게 확산되고 있다. 5G 이동통신 서비스를 시작으로 VR 플라자, 말로 하는 AI, 인공지능, 지능을 가진 로봇 등 지금까지 없던 단어들이 생겨나고 있다.

　아무리 4차 산업 혁신의 결과물들이 만들어지고는 있지만 결국에는 그런 도구들도 사람이 정한 데이터를 입력하여, 사람이 만든 알고리즘에 의해 처리된다. 사람이 그 결과물들을 어떻게 활용할지 결정한다. 결국은 사람이다.

　회사에서 팀장의 역할이 중요하다. 팀장은 새로운 정보와 지식을 받아들이기 위한 틀을 갖추어야 한다. 팀장이 접할 수 있는 매체는 날로 증가하고 다양화되고 있다. 같은 콘텐츠와 자료라도 시대에 맞는 새로운 도구를 활용하여 가성비 있게 지식을 얻어야 한다.

내비게이션을 주기적으로 업데이트 하자

미래학자 앨빈 토플러는 '21세기 문맹자는 글을 읽거나 쓸 줄 모르는 사람이 아니라, 학습하고 교정하고 재학습하는 능력이 없는 사람'이라고 했다. 이미 알고 있는 것도 교정하고 재학습해서 최신의 지식을 갖도록 해야 한다.

경험이 있을 것이다. 차량 내비게이션에 익숙하다 보면 그것 없이는 목적지에 가는 데 어려움이 있다. 이제는 아는 길도 자연스럽게 내비게이션을 켜고 따라간다. 그러나 주기적으로 내비게이션을 업데이트하지 않을 경우 큰 낭패를 보게 된다. 신설된 길이 있지만, 내비게이션은 예전 길을 안내하여 시간과 자원을 낭비하게 된다. 똑같은 목적지로 달리더라도 도착 시각이 다를 수밖에 없다. 어떤 때는 다행히 도로 표지판을 보고 신설된 길을 달릴 경우에도 내비게이션 상에는 산이나 바다 위를 달리는 것으로 표시된다. 결국은 내비게이션을 업데이트하지 않아 운전에 혼란을 가져온 것이다.

팀장은 팀의 운전자이다. 평소에 지속적으로 지식과 정보를 업데이트해야 최적의 의사결정을 할 수 있다. 최신 버전으로 업데이트를 해야 가장 빠르게 갈 수 있다는 것을 알고 있음에도 당장 떨어진 업무에 매몰되다 보면 업데이트 시기를 놓쳐 어려움을 겪는다. 리더는 업데이트가 필수다. 정확한 정보를 놓치면 어려움을 겪는다.

업데이트는 동료나 전문가의 조언, 인터넷 검색, 그 분야 책, 자료를 통해 할 수 있다. 새로운 정보의 양은 폭발적으로 증가하고 있고 정보의 획득 시간은 줄어들고 있다. 그만큼 가성비 있게 원하는 정보를 얻기가 편리해졌다.

다만 내가 무엇을 모르고 있다는 그 자체를 아는 것이 중요하다. 일상적인 삶 속에서 일어나는 일들은 내가 모른다는 것만 알아도 인터넷 검색을 통해 알 수 있다. 일을 할 때 '남들은 어떻게 생각을 할까?'라는 궁금증이 든다면 얼마든지 알아볼 수 있다. 이제는 일반적인 지식에서 전문적인 지식까지도 얻을 수 있다. 인터넷 시대에는 검색을 잘해야 한다. 검색 키워드를 잘 골라 넣어야 빠르게 원하는 정보를 얻을 수 있다. 유튜브에서도 전문가 강의, 세미나 자료, 다큐멘터리 등 그야말로 모든 종류의 영상물을 찾을 수 있다. 지식과 정보가 전달력이 가장 좋은 영상으로 들어 있기에 유튜브 활용은 폭발적으로 확대되고 있다.

책도 달라지고 있다. 이제는 누구라도 책을 쓰는 시대가 되었다. 각자의 생각과 경험이 담겨있다. 같은 주제를 다른 각도에서 볼 수도 있어 궁금증을 해소할 수 있다.

회의 자료는 조직의 방향을 읽는데 요긴하다. 현장 리더 중에 회사 돌아가는 사정을 모르는 경우가 종종 있다. 공개하는 회의 자료만 보아도 회사가 고민하는 것을 읽을 수 있다. 일부 팀장은 본인들의 틀 속에서만 보려고 한다. 회사 경영자와 상사들이 고민하는 내용과 본인은 별개라고 생각하는 것 같다. 그들이 고민하는 내용은 방향이 정해질 때까지 시간이 걸릴지언정 각 현장에서도 언젠가는 실행해야 할 과제이다. 회사나 상사가 무엇을 문제라고 생각하고 있고, 고민하고 있는지 알아야 한다. 가장 간단하게 알 수 있는 방법이 회의 자료를 읽는 것이다.

새로운 것을 빠르게, 정확하게, 완성도 있게 알아야 한다. 필자가 활용하는 정보 입력과 정보처리, 정보 활용 방법을 소개하려고 한다.

정보 입력 – 뷔페식 독서

　필자는 책 읽는 걸 싫어했다. 초등학교 방학 때 학교에서 독후감 숙제를 받아도 한 권을 다 읽고 쓴 적이 없다. 생각해 보니 원인은 아주 단순하다. 과제로 받았기 때문에 읽기가 싫었다. 시키면 하기 싫은 법이다. 책을 보면 끝까지 봐야 한다는 강박관념도 있었다. 다 보지 못하면 뭔가 덜 마무리한 느낌도 든다. 그런 생각은 책을 읽는 즐거움을 알지 못하게 만들었다.

　하지만 회사 업무를 하면서 필요한 분야의 책을 찾게 되었고, 필요한 부분만 읽었다. 업무와 자기계발 분야의 내용들은 이미 경험과 여러 경로를 통해 어느 정도 알고 있기 때문에 필요한 부분만 읽어도 책의 맥락을 따라잡는 데 어려움이 없었다. 더더욱 중요한 것은 이렇게 하는 것이 흥미를 유발하였고, 책 읽기를 습관화할 수 있게 했다는 점이다.

　이러한 독서법을 필자는 '뷔페식 독서법'이라 정했다. 이는 궁금증을 빠르게 해소하는 방법이다. 먼저 책 제목을 보고, 관심이 가면 띠지, 저자 소개, 머리말, 목차 순으로 읽어본다. 더 흥미가 있으면 목차 중에 끌리는 부분으로 바로 들어가서 읽는다.

　여기서 띠지 내용, 작가의 이력, 머리말을 본다는 것은 책의 방향성을 본다는 것이다. 제목은 전체 내용을 압축하여 한 단어, 한 문장으로 드러낸다. 하지만 책 내용의 진실성과 충실도를 가늠하기에는 한계가 있다. 저자 소개를 통해 작가의 전문성과 책 기저에 깔린 사상을 엿볼 수 있다. 띠지 내용은 왜 독자가 이 책을 읽어야 하는지 알 수 있게 하며, 머리말에서는 책을 쓰게 된 동기와 목적을 볼 수 있다. 이미 여기에서 책을 더 읽을 건지 말 건지 판단이 선다.

목차는 어떤 내용이 담겼는지 구체적으로 알 수 있게 한다. 목차를 훑어보다가 흥미로운 꼭지 제목이 보이면 바로 그 페이지로 가서 읽는다. 이렇게 몇 개의 목차 내용을 읽으면 그 책에서 주장하고자 하는 내용을 빠르게 파악할 수 있다. 이것이 뷔페식 독서법이다. 이런 책 읽기는 궁금증을 빠르게 해소할 수 있고, 흥미롭게 원하는 것을 얻을 수 있게 한다.

정보 처리 – 크로스 체킹으로 정확도 높이기

크로스 체킹이란 정보와 수치 등을 다른 방법을 써서 대조하거나 재차 확인하는 것이다. 크로스 체킹을 하면 아는 지식들이 버무려지고 분리되고 다시 뭉쳐져서 명확하게 구조화된 새로운 지식이 만들어진다. 이런 방식이 습관적으로 반복될 때 지식의 폭과 정확도가 높아진다. 책을 읽더라도 같은 주제를 다른 각도에서 보는 두 사람 이상의 의견을 본다면 더 뚜렷하게 객관적인 사실을 알 수 있다. 생각이 한쪽으로 치우치지 않고 본인 나름의 시각에서 정리가 된다. 예를 들어, 다르게 평가받는 역사적인 사건인 경우에도 한 권의 책 내용을 보는 것보다는 다른 쪽의 책도 읽어본다면 본질에 더 가깝게 이해할 수 있다.

아울러 크로스체킹은 지식을 바르고 정확하게 이해하고 구조화하는 방법이기도 하다. 인터넷의 발전으로 인해 사람들은 과거에는 작동할 수 없는 방식으로 다중 지식을 얻게 되었다. 손쉽게 인터넷상에서 한 가지 주제에 대하여 다양한 의견과 주장을 얻을 수 있고, 한 가지 주장에 얽매이지 않고 자신의 의견을 만들 수 있게 되었다.

회사 업무에서도 마찬가지다. 책, 인터넷, 전문가, 자료 등 각 영역을 넘나들며 크로스 체킹이 가능하다. 크로스 체킹은 사실의 정확도를 높여주지만, 새로운 아이디어를 만들어 내기도 한다. 이러한 방법을 통해 새로운 개선사항을 도출할 수도 있다. 다른 시각에서 바라보는 비평적 사고를 높여준다. 의사결정 과정에서도 예측력과 정확도를 높인다. 일상 업무회의도 크게 보면 이런 크로스 체킹의 일환이다.

정보 활용 – 쉽게 해보기

일을 쉽게 한 번이라도 해보자. 보거나, 듣거나 해서 좋은 것을 많이 알고 있다. 그것 중 그냥 아는 것으로 끝나버린 일이 얼마나 많은가? 대개는 한번 해보지 않고 그냥 아는 것으로 그친다. 이제는 한번 해 보자는 것이다. 시작하면 지속해야 한다는 강박관념을 걷어치우고 그냥 한번 쉽게 시작해보는 것이다. 한번 해보고 아니면 그냥 그만둔다고 생각하자. 그러나 대게는 이렇게 한번 해보면 한 번으로 끝나지 않고 지속하게 된다. 해보지 않고 있을 때와는 다른 면이 보이기 때문이다.

'왜 이런 걸 안 했을까'라고 생각하는 경우가 얼마나 많은가? 해본 것과 안 해본 것은 천양지차다. 어깨 힘 빼고 해보는 거다. 잔뜩 힘이 들어간 채로는 시작하기 힘들다. 단지 한번 해본다고 생각하고 해 봐도 된다. 대게 안 해 보던 것을 하려면 계획 잡고 시간 내고 예열하는

데 힘을 다 뺀다. 진입장벽을 최대한 낮춰 놓아야 한다. 그래야 한번 시도하기가 수월하다. 지금 알고 있는 것을 한번 실천하자. 어떻게 보면 실천이라는 단어에 중압감을 느낄지 모르겠다. 실천이 아니라 그냥 해본다고 하자. 좋다고 생각했다면 그냥 해 보는 거다. 해보면 배울 수 있다. 정보가 있어도 활용하지 않으면 소용없다. 사람은 아는 것을 행하는 것에 인색하다. 그게 인간의 습성이다. 해보면 좋겠다는 판단이 서면 반드시 결행해 보고, 결과를 통해 새로운 경험을 학습하면 된다.

새로운 것도 가성비 있게 빠르게, 정확하게, 완성도 있게 배워야 한다. 성장하는 리더는 끊임없이 배운다. 배우기를 멈추면 있는 자리를 유지하기도 힘들다. 리더들이 지닌 다양한 정보 입력과 정보처리, 정보 활용방법을 활용해서 지속적으로 지식을 업데이트하고 배워야 한다. 내비게이션을 주기적으로 업데이트하듯이 학습과 재학습하는 것이 가장 빨리 목표에 도달하는 지름길이다.

불확실성의 시대
팀장의 생각법

초판 1쇄	2020년 12월 28일
2쇄	2021년 01월 11일

지은이	이종봉
발행인	김재홍
디자인	이근택 김다윤
교정 · 교열	전재진 박순옥

발행처	도서출판지식공감
등록번호	제2019-000164호
주소	서울특별시 영등포구 경인로82길 3-4 센터플러스 1117호(문래동1가)
전화	02-3141-2700
팩스	02-322-3089
홈페이지	www.bookdaum.com
이메일	bookon@daum.net

가격	15,000원
ISBN	979-11-5622-562-1 03190